ADRIAN PLASS

Der fromme Chaot auf Gemeindefreizeit

ADRIAN PLASS

Der fromme Chaot auf Gemeindefreizeit

Das diesmal wirklich letzte Tagebuch
des frommen Chaoten

Aus dem Englischen von
Christian Rendel

Brendow.
Verlag | Alles, was Sinn macht!

Bibliografische Information der Deutschen Nationalbibliothek
Die Deutsche Nationalbibliothek verzeichnet diese Publikation in der
Deutschen Nationalbibliografie; detaillierte bibliografische Daten sind im
Internet über http://dnb.d-nb.de abrufbar.

2. Auflage 2014
ISBN 978-3-86506-523-0
© der deutschsprachigen Ausgabe 2013
by Joh. Brendow & Sohn Verlag GmbH, Moers
Originalausgabe: The Sacred Diary of Adrian Plass:
Adrian Plass and the Church Weekend
© 2013 by Adrian Plass
First published in English 2013 by Hodder & Stoughton, London
Titelgrafik: Thees Carstens
Einbandgestaltung: Brendow Verlag, Moers
Satz: HSB T&M Vertriebs-GmbH
Druck und Bindung: fgb Freiburger Graphische Betriebe
Printed in Germany

www.brendow-verlag.de

Dieses Buch ist den Bewohnern und der erweiterten Gemeinschaft des Scargill House in North Yorkshire gewidmet. Eure Liebe und Zuneigung in den letzten drei Jahren hat mein Leben reicher gemacht, als ihr je erahnen könnt.

EINLEITUNG

Ich dachte immer, ich würde nie ein witzigeres Buch schreiben als das erste *Tagebuch eines frommen Chaoten* – einfach weil es unwahrscheinlich war, dass ich je wieder so entsetzlich unglücklich sein würde.

1985 war ein traumatisches Jahr gewesen. Meine Frustration und meine schmerzhafte Unzufriedenheit mit mir selbst, mit der christlichen Gemeinde und mit so ziemlich allem anderen auch gipfelte in einer schweren Stresserkrankung, die für unsere Familie alles andere als witzig war. Nachdem ich aus gesundheitlichen Gründen nicht mehr in der Lage war, meine Arbeit mit Heimkindern weiterzumachen, verbrachte ich den größten Teil meiner Zeit in unserem Wohnzimmer im Obergeschoss und experimentierte mit der mühseligen, aber seltsamerweise therapeutisch wirkenden Beschäftigung des Schreibens.

Als meine Frau Bridget in der Bibliothek auf ein Buch mit dem Titel *Jahrbuch für Schriftsteller und Künstler* stieß, setzte sie sich auf den Fußboden und schrieb mühsam die Namen und Adressen von Verlagen und Zeitschriften ab, die an meinem Zeug interessiert sein könnten. Dann verschickte sie haufenweise Textproben von mir, aber das Echo war nicht sehr positiv. Ein bekannter Redakteur war sicher, seine Leser würden „unseren Herrn Jesus Christus nicht auf diese Weise dargestellt sehen wollen". Ich weiß nicht mehr, was Bridget ihm geschickt hatte, das ihn zu dieser Reaktion veranlasste, aber seinen Brief habe ich immer noch. Vielleicht rahme ich ihn mir eines Tages ein.

Ein paar ermutigende Anzeichen gab es schon. Edward England, der im christlichen Verlagswesen so etwas wie eine Legende ist, war so freundlich, ein paar von meinen Sachen zu lesen, und schrieb mir, er sei sicher, ich könne schreiben, aber ich müsse mir ein großes Thema suchen. Das ist beim Schreiben natürlich immer wichtig, in der neurotisch positiven Welt der evangelikalen christlichen Literatur aber vielleicht umso mehr.

Ein weiteres äußerst beflügelndes Erlebnis hatte ich, als eines Morgens ein Brief aus Amerika kam. Bridget und ich waren damals an einer spätabendlichen Fernsehsendung namens *Join the Company* beteiligt, die im Süden Englands jeden Abend ausgestrahlt wurde. Einige Monate zuvor hatten Bridget und ich bei der Aufzeichnung einer dieser Gesprächssendungen John und Elizabeth Sherrill kennengelernt. Die Sherrills waren als Schriftstellerteam in Amerika enorm erfolgreich und hatten berühmte Weltbestseller wie *Das Kreuz und die Messerhelden* hervorgebracht. Elizabeth hatte die anderen drei Teilnehmer der Sendung eingeladen, ihr Textproben zu schicken, wenn sie wollten. Bridget hatte diese freundliche Einladung nicht vergessen und ihr ein Exemplar von *Der Besuch* geschickt, einer Kurzgeschichte von mir, in der Jesus in den Achtzigerjahren einer High-Street-Kirchengemeinde einen Besuch abstattet.

Der Brief, den ich an diesem Morgen bekam, trieb mir die Tränen in die Augen. In all den Jahren, schrieb Elizabeth, in denen sie Werke von Anfängerautoren gelesen hatte, sei ihr noch nie ein solches Qualitätspotenzial untergekommen. Die Quintessenz dieses wunderbaren Briefes war: Was auch immer ich einmal gewesen sein oder jetzt sein oder in der Zukunft sein mochte, ich *war* ein Schriftsteller, schlicht und einfach. Es war eine Frage der Identität. Wer in seinem Leben schon einmal an dem Punkt stand, wo er sich in allen Situationen nackt und verwundbar fühlte, der wird nachempfinden können, was es heißt, so einen warmen, schützenden Umhang gereicht zu bekommen, wenn man es am wenigsten erwartet und zumindest noch nicht lange verdient hat.

Elizabeths Brief war ein starker Anreiz, mit meiner Schreiberei weiterzumachen, und allmählich eröffneten sich auch Arbeitsmöglichkeiten. Nachdem im *Family Magazine* zwei oder drei Artikel von mir erschienen waren, wurde ich von einem kleinen christlichen Verlag beauftragt, ein Buch über mein eigenes Leben und meine Begegnungen mit Gästen und anderen Teilnehmern bei *Join the Company* zu schreiben.

Im Rückblick kommt es mir schier unfassbar vor, dass irgendjemand, ich selbst eingeschlossen, es für angebracht hielt, dass ich eine Autobiografie schreiben solle. Die einzigen Leute, die je von mir gehört hatten, waren die paar verstreuten Zuschauer im Süden Englands, die damals, als es noch kein Fernsehprogramm rund um die Uhr gab, bis in die Puppen aufblieben, um die letzte Sendung vor dem Testbild zu sehen. Unsere Zuschauer waren vor allem Leute, die an Schlaflosigkeit litten, Taxifahrer, Kneipenwirte und diverse Gruppen von Studenten, die unsere Diskussionen offenbar zum Schreien komisch fanden. Wenn man bedenkt, dass wir versuchten, uns in jeweils zehn Minuten Sendezeit mit so schwerwiegenden Themen wie Sex, Tod, tödlicher Krankheit und dem Wesen Gottes zu befassen, muss man diesen Studenten wohl zubilligen, dass ihre Erheiterung nicht unberechtigt war.

Ich schrieb das Buch. Natürlich schrieb ich das Buch. Warum auch nicht? Es hieß *Join the Company*. Bridget und ich waren außer uns vor Begeisterung, als wir zum ersten Mal Exemplare davon in den Händen halten durften. Ich legte immer eines auf den Couchtisch in unserem Wohnzimmer, ging hinaus, schlenderte dann beiläufig wieder hinein und bemerkte *mein Buch* mit einem kleinen inneren Hüpfer der Freude und Überraschung. Bridget verlegte ihr beiläufiges Schlendern in die christliche Buchhandlung in unserem Ort, wo sie verstohlen ein Exemplar, das im Regal steckte, sodass nur der Rücken zu sehen war, herauszog und es so hinstellte, dass potenzielle Käufer das Cover sehen konnten.

Join the Company war eigentlich ein unebenes, recht eigenartiges Werk, aber es hatte eine gewisse nackte Ehrlichkeit. Damals boten die meisten christlichen Bücher geistliche Techniken und Problemlösungen in irgendeiner Form an. Mein Buch hatte Ecken und Kanten und war voller ungelöster Fragen und loser Enden, aber wenigstens haftete ihm ein stressbedingter Geruch der Wahrheit an. Der Absatz war natürlich alles andere als reißend. Nachdem später das *Tagebuch eines frommen Chaoten* erschienen war, wurde *Join the Company* unter dem Titel *The Growing Up Pains of Adrian Plass* (dt. *Die steile Himmelsleiter*) neu herausgebracht und hatte nun mehr Erfolg.

Die Erfahrung, ein ganzes, richtiges Buch zu schreiben, war anstrengend, aber sehr lohnend. Freilich hatte ich immer noch nicht den „großen Gedanken" gefunden, den Edward England erwähnt hatte. Unversehens war aber inzwischen etwas anderes passiert.

Mitte der Achtzigerjahre waren in England die *Adrian-Mole-*Bücher enorm erfolgreich. Das brachte Andy Butcher, den stellvertretenden Chefredakteur des *Family Magazine*, auf die Idee, mit meinem Vornamen könnte ich doch unter dem Titel „The Secret Diary of Adrian Plass, aged 37 and three-quarters" monatlich eine humorvolle Kolumne für seine Zeitschrift schreiben.

Das Setting für diese Kolumne war leicht gefunden. Der fiktive Adrian, ein leicht verwirrter, tiefernster Bursche, hat eine fiktive Frau namens Anne (nein, Bridget ist nicht meine zweite Frau, wie manche Leute zu denken scheinen) und einen sechzehnjährigen Sohn namens Gerald, der zum Vehikel für viele der Bemerkungen wurde, die ich so gern über die verbreitete Dämlichkeit in der christlichen Gemeinde machte.

Die Leichtigkeit, mit der mir die Ideen zuflogen, hatte nicht so sehr mit meinen schriftstellerischen Fähigkeiten zu tun, als vielmehr damit, dass ich eine unverhoffte Möglichkeit gefunden hatte, meine das Leben erstickende Dunkelheit in Leben schaffenden Humor zu verwandeln. Dieses Prinzip war mir nicht vertraut, und ich hätte es damals nicht so beschreiben können, aber es in die Tat umzusetzen, war die reinste Freude und Befriedigung. Es war wie eine prasselnde Dusche, die den Dreck von mir abspülte, und eine grenzenlose Erleichterung, mich selbst über die gemeindebedingten Probleme und Nöte lachen zu hören, die ich jahrelang wie Bleigewichte um den Hals mit mir herumgeschleppt hatte. Wohlgemerkt, damals dachte ich, ich wäre wohl der Einzige, der über meinen neuen Umgang mit diesen „ernsten" Dingen lachen würde. Doch da irrte ich mich, wie ich bald merkte.

Ein Mann, der in eine Evangelical Community Church (evangelische Gemeinschaftskirche – gibt es denn noch eine andere Sorte?) in unserem Ort ging, lud mich zu einem Treffen der Jugendgruppe ein, die er damals leitete. Colin hatte ein paar meiner Kolumnen gelesen und dachte, das würde seinen jungen Leuten bestimmt Spaß machen. Ich war da nicht so sicher. „Junge Leute" machen, anders als Erwachsene, keinen Hehl daraus, wenn sie sich langweilen. Das ist ja auch ihr gutes Recht, aber es ist eine Katastrophe für angehende Schriftsteller, die ihnen etwas vorlesen wollen, das witzig sein soll, aber vielleicht gar nicht ist. Schließlich gibt es für Humor nur eine einzige Nagelprobe. Ich ging trotzdem hin. Sie lachten. Sie lachten sogar eine Menge. Es war ein sehr zufriedenstellender Abend, und ich fasste Mut.

Wie sich herausstellte, war Colin, der mit Nachnamen Saunders hieß, an der Organisation von *Spring Harvest* nicht unwesentlich beteiligt. Das ist ein großes christliches Familienfestival, das damals auf mehreren im Land verteilten Ferienlagerplätzen stattfand. Ob ich wohl Lust hätte, fragte er, einen dieser Veranstaltungsorte im nächsten April zu besuchen, um die Urlauber dort zu unterhalten? Für Kost und Logis für mich und meine Familie würde gesorgt sein. Nur die Reisekosten müssten wir selbst tragen.

Dazu Ja zu sagen, kam mir so vor, als hätte ich mich bereit erklärt, im Dunkeln Golf zu spielen. Das Ganze war mir ein einziges Rätsel. Ein beängstigendes Rätsel. Eine großartige Möglichkeit, mich vor einer riesigen Menschenmenge zu blamieren.

Drei Monate später stiegen wir mit unseren drei Kindern, unseren Koffern, unserem Fahrgeld für hin und zurück – sowie ein paar Pfund extra für Notfälle – und Eis am Stiel in einen Bus nach Prestatyn. Die Fahrt schien ungefähr sechs Monate zu dauern. Wir waren schlagkaputt, als wir mit unseren drei kleinen Kindern in Prestatyn ankamen, nur um festzustellen, dass wir auch noch einen Tag zu früh dran waren und die Nacht in einer dieser in die Jahre gekommenen Frühstückspensionen an der Küste verbringen mussten, in denen die Teppiche an den Wänden dicker sind als die auf dem Fußboden. Für die Übernachtung ging das Geld drauf, das wir für die Rückfahrt vorgesehen hatten, aber ich schätze, so ist das nun einmal, wenn man im Dunkeln Golf spielt. Augen zu und durch, hieß die Devise. Eine andere Wahl hatten wir nicht.

Mein erster „Auftritt" in Prestatyn war ein Albtraum, zumindest am Anfang. Ich stand in einer riesigen Halle an einem Mikrofon, geblendet von Scheinwerfern, vor mir ungefähr ein Hektar Tanzfläche, die mich von den Hunderten von Leuten da ganz hinten trennte, von denen keiner die leiseste Ahnung hatte, wer ich war. Sie alle warteten darauf, dass ich anfing, witzig zu sein. Ein Muskel in meinem Bein pulsierte so heftig, dass ich sicher war, man konnte es hören. Meine Oberlippe klebte an meinen Zähnen, und mein Mund war so trocken wie die Wüste Gobi. Ich krächzte ein paar Worte. Nichts. Ich krächzte noch ein paar. Dann funkelte irgendwo in der Dunkelheit ein kaum merkliches Kichern auf.

Aber das schien der auslösende Funke für den Rest des Publikums zu sein. Sekunden später loderte der ganze Saal vor Gelächter. Die heilsame Wirkung einer positiven Reaktion auf Humor ist sehr bemerkenswert. Pulsierende Beine werden beruhigt und gekräftigt. Oberlippen lösen sich von Schneidezähnen, und trockene Münder werden wie durch Zauberei wieder feucht. Ich hatte die Leute mit Sachen, die aus meinem wirren Kopf entsprungen waren, zum Lachen gebracht! Das war die ganze Geschichte, und es fühlte sich großartig an.

Am Ende des Abends kam ein Haufen junger Mädels zu Bridget und mir herüber, um mit uns zu sprechen.

„Das muss doch bestimmt zum Kaputtlachen sein, wenn man mit ihm zusammenlebt", sagte eine von ihnen zu meiner Frau.

„Oh ja", erwiderte Bridget. Wahrscheinlich ließ sie sich im Zeitraffer noch einmal die Ereignisse der letzten beiden Jahre durch den Kopf gehen. „Es ist wirklich zum Kaputtlachen, wenn man mit ihm zusammenlebt. Wir stehen morgens auf und lachen uns kaputt. Dann lachen wir beim Mittagessen und auch den ganzen Nachmittag und Abend hindurch, und manchmal lachen wir auch noch die ganze Nacht. Ja, du hast recht. Wir lachen eigentlich nur …"

Die anderen Lesungen in Prestatyn waren ebenso erfolgreich, aber schließlich ging unser Aufenthalt zu Ende, und wir mussten uns der Tatsache stellen, dass wir schlicht und einfach kein Geld mehr für die Heimfahrt hatten. Ich weiß nicht, was das über uns aussagt, aber weder Bridget noch mir kam je der Gedanke, irgendjemanden von *Spring Harvest* zu bitten, uns bei diesem Problem auszuhelfen. Vielleicht war es einfach so, dass man finanzielle Hilflosigkeit nicht so leicht wieder loswird, wenn man sie sich einmal angewöhnt hat.

Just, als wir am Tag unserer theoretischen Abreise gepäckbeladen und ziemlich ratlos die High Street entlangwanderten, bot sich uns eine unwahrscheinliche Lösung. Einer von uns bemerkte eine Werbung in einem Schaufenster. Für jeden Mars-Riegel, den man dort kaufte, gab es einen Gutschein für den Bus dazu. Wir legten alle silbernen und kupferfarbenen Münzen zusammen, die wir besaßen, und brachten es auf insgesamt etwas über vier Pfund. Damit konnten wir zwanzig Mars-Riegel kaufen und − o unbegreifliches Wunder! − genügend Gutscheine für sämtliche Fahrkarten für unsere Busfahrt sammeln. Ein echter Erfolg, aber der Nachteil der Sache wird Ihnen nicht entgangen sein. Für diese unendliche Reise stand uns Fünfen nur ein einziges Lebensmittel zur Verfügung. Zwar mochten wir Mars alle gern, schon seit jeher, aber unsere sehr einseitige Ernährung wurde im Lauf der Stunden dann doch ein wenig deprimierend.

Da sich die Kolumne im *Family Magazine* steigender Beliebtheit erfreute, wurde ich von meinem Bücherverleger gefragt, ob ich nicht Lust hätte, die Kolumnen zu einem gleichnamigen

Buch auszubauen. Natürlich hatte ich Lust. Aber wie wäre es, aus dem „Secret" ein „Sacred" zu machen? Der Verlag war einverstanden.

Ich schrieb das *Tagebuch eines frommen Chaoten* in einem alten Wohnwagen am hinteren Ende unseres Gartens, und Bridget schickte die handgeschriebenen Blätter an den Verlag. Wir hatten keine Ahnung, wie sich das wohl als Buch verkaufen würde. Im folgenden Frühjahr erschien es, und wieder einmal wurde ich zu *Spring Harvest* eingeladen (diesmal nach Minehead), um Auszüge daraus zu präsentieren. Am Tag nach meiner Ankunft schlug jemand vor, ich könnte doch mal hinüber zu den Büchertischen gehen, um Exemplare meines neu erschienenen Werkes zu signieren.

Schon machten sich wieder die Nerven bemerkbar. Bestimmt würde niemand mein Buch kaufen. Und selbst wenn, signieren lassen würde es sich ganz sicher niemand. Schweren Herzens schleppte ich mich zu der Signierveranstaltung und hielt den Kopf gesenkt, während ich mich an den kleinen Tisch setzte, an den die Käufer kommen sollten, um sich ihre Bücher signieren zu lassen. Zehn Minuten, dachte ich, dann bin ich hier weg. Zehn Minuten Peinlichkeit, dass sich die Fußnägel aufrollen, und dann ist alles vorbei. Zwei dieser Minuten vergingen. Eine Stille schien sich auszubreiten. Waren schon alle gegangen? Ich hob den Kopf.

Alle hatten ein Exemplar meines Buches in der Hand. Zwei Stunden lang signierte ich Bücher; dann kehrte ich im tiefsten Schockzustand in das Chalet zurück, wo Bridget, die Jungs und unsere gerade erst geborene kleine Tochter darauf brannten, zu hören, wie es gelaufen war.

Wie war es gelaufen? Nun, was meine Zukunftsaussichten anging, hatte ich eben noch bei null gestanden. Und nun war plötzlich etwas da – und es sah so aus, als könnte mehr daraus werden.

Es wurde mehr daraus. Für Bridget und mich zeigen das die letzten zweieinhalb Jahrzehnte, in denen wir geschrieben und überall auf der Welt zu Leuten gesprochen haben, eindrücklich. In den letzten drei Jahren waren wir beide eng an der „Auferstehung" von Scargill House beteiligt, einem Tagungs- und Freizeitzentrum in North Yorkshire. Dort haben wir gelernt, falls wir es nicht schon vorher wussten, dass das Lachen, wenn es darum geht, anderen wirklich zu helfen, ganz gewiss nicht nur ein armseliger Ersatz für ernsthafte Seelsorge ist (was immer das sein mag). Das Lachen und die Liebe, so wird uns immer wieder aufs Neue vor Augen geführt, sind unverzichtbar für Leute, denen niemand einen nachvollziehbaren theologischen Erklärungsrahmen für ihre Verzweiflung anbieten kann.

Diese Erkenntnis, in der alles gipfelt und bestätigt wird, was wir in den letzten siebenundzwanzig Jahren erlebt haben, ist wahrscheinlich der Grund, warum dieses Buch ganz anders ist als die frühen *Tagebuch*-Veröffentlichungen. Ich bin weit davon entfernt, so unglücklich zu sein, wie ich es damals war, aber die Wahrheit ist, dass ich das Leben, die Arbeit, die christliche . Gemeinde und Gott viel lustiger und gleichzeitig viel ernster finde als jemals zuvor. Vielleicht bin ich ein bisschen erwachsener geworden, und darum trifft dasselbe auch auf den Adrian aus dem *Tagebuch* zu. Wir beide sind ja ein und derselbe, nur noch mehr.

Wenn es einen Gott gibt – und es hat immer mehr den Anschein, als ob das der Fall sein könnte –, müssen wir uns ein paar Dinge bewusst machen. Zum Beispiel, dass er nicht nach ganz tollen Christen sucht, sondern nach unzulänglichen Nachfolgern mit der Bereitschaft, gehorsam zu sein. Oder, dass das ungezwungene Gesicht des christlichen Lebens das wahre Gesicht ist, mit dem Jesus in dieser Welt wirkt und schon immer gewirkt hat. Deshalb ist der Adrian in diesem Buch in der Lage, zwar furchtsam, aber doch beständig und treu der Belastung einer möglichen Tragödie in seinem Leben zu begegnen, während er zugleich hilflos den absurden und enervierenden Annäherungsversuchen von Minnie Stamp ausgesetzt ist – einer neuen *Tagebuch*-Figur, die wild entschlossen ist, Adrian bei jeder sich bietenden Gelegenheit Seelsorge und Trost angedeihen zu lassen, ob er deren nun bedarf oder nicht.

Dunkelheit und Licht. Tränen und Gelächter. Minnie Stamp und Heldentum. Tragik und Auferstehung. Albernheit und Heil. Dies sind die Schmerzen und Freuden des Weges mit Jesus, und so wird es immer sein.

Ich sollte hinzufügen, dass meine Schilderung von Scarleeswanvale zwar gewiss nicht als Porträt von Scargill House gedacht ist, aber manche Leute zweifellos den einen oder anderen Pinselstrich wiedererkennen werden.

Ich hoffe, Sie haben beim Lesen dieses Buches ebenso viel Spaß wie ich beim Schreiben.

Eben kam mir übrigens eine Frage in den Sinn. Was wäre gewesen, wenn ich *nicht* Adrian hieße?

17

Der fromme Chaot
auf Gemeindefreizeit

1 PLANUNG, PANIK UND MINNIE STAMP

Habe beschlossen, mein Tagebuch aus seinem Schlummer zu erwecken, um in einem kurzen Memorial die Höhepunkte der Gemeindefreizeit festzuhalten, die Dennis mich zu organisieren gebeten hat. Dennis Strang hat vor zwei Jahren den guten Edwin Burlesford als Vorsteher unserer Gemeinde abgelöst. Er ist ein großartiger Prediger und im Allgemeinen ein sehr guter Mann. Ich muss allerdings sagen, wenn er nicht gerade in Aktion ist, dann ist er einer der gelassensten Menschen, denen ich je begegnet bin. In jeder Situation, ob formell oder informell, drinnen oder draußen, ungeachtet des Wetters oder des Anlasses oder irgendwelcher Schwierigkeiten, die sich zeigen mögen, wirkt er wie jemand, der gerade auf den Malediven in der Sonne badet. Unser erstes Gespräch über diese Gemeindefreizeit letztes Jahr war ein gutes Beispiel dafür.

DENNIS: (*so, als schirmte er mit einer Hand sein Gesicht von der Sonne ab und riebe sich mit der anderen gemächlich Sonnencreme auf die Brust, obwohl wir in Wirklichkeit im Eingang des Gemeindehauses stehen und es draußen in Strömen regnet*) Ach, Adrian, was hältst du davon, irgendwann nächstes Jahr zusammen mit Anne eine Gemeindefreizeit zu organisieren?

ICH: (*etwas bestürzt*) Äh, nun, das könnte man machen – ja, das würde wahrscheinlich gehen. So eine richtige Gemeindefreizeit haben wir noch nie gemacht, glaube ich. Äh, was ist denn da im Einzelnen zu tun, Dennis?

DENNIS: (*bringt gerade noch die Energie auf, um zu antworten, bevor er seinen Strohhut über die Augen zieht und wegdöst, begleitet vom Ruf der Möwen, die hoch über seinem Kopf kreisen*) Ach, nicht viel. Du suchst etwas aus, wo wir hinfahren können, stellst das Programm auf und lässt dir ein Thema einfallen. „Wo bleibt die Liebe" wäre eine Idee. Dann sagst du allen Bescheid, rechnest aus, was es kostet und kümmerst dich um den Transport. Solche Sachen halt. Genau deine Kragenweite, Adrian. Okay? Zzzzzzzz …

Ich: (*leise, um ihn nicht zu wecken*) Okay. Alles klar. Gut. Prima. Machen wir.

War ein bisschen nervös, wie ich das Anne beibringen sollte. Nachdem ich eine Weile zu Hause war, sagte ich: „Ach übrigens, Dennis hat mich gefragt, was ich davon halte, eine Wochenendfreizeit für die Gemeinde zu organisieren."

Anne blätterte ungerührt ihre Zeitschrift um und sagte: „Interessant. Na ja, Fragen kostet ja nichts, oder? Du kannst ja mal darüber nachdenken."

Pause.

„Ja."

„Was?"

„Ja, ich kann darüber nachdenken, zumal ich mehr oder weniger schon gesagt habe, dass ich es mache."

Anne legte ihre Zeitschrift nieder.

„Was heißt ‚mehr oder weniger'? Mehr? Oder weniger?"

Fing an zu labern.

„Na ja, vielleicht eher etwas mehr als weniger. Weniger weniger als mehr. Eigentlich schon recht weit oben auf der Skala von weniger bis mehr."

„Was!"

„Es könnte sein, dass ich unbeabsichtigt den Eindruck erweckt habe, dass äh …"

Wenn Anne einen tiefen Atemzug durch die Nase tut, so wie in diesem Moment, und zwischen zusammengepressten Lippen ihr unverwechselbares „Mm!" hervorstößt, weiß ich immer schon, dass mir nichts Gutes blüht.

„Was, bitte, hast du ‚unbeabsichtigt' getan? Du hast ihm gesagt, du machst es, oder?"

Pause.

„Oder, Adrian?"

„Nun ja, Dennis meinte, es wäre genau meine Kragenweite." Anne schob ihre Zeitschrift zur Seite und sah mich einen Moment lang an, ohne etwas zu sagen.

„Liebling, weiß Dennis überhaupt, welche Kragenweite du trägst? Hat er sich je deinen Kragen genauer angeschaut? Hat er auch nur die leiseste Ahnung, wie viele deiner Hemden ich schon wegschmeißen musste, mein Schatz, weil die Flecken am Kragen von deinen unrettbar in den Sand gesetzten Projekten unmöglich wieder rauszukriegen waren? Du hast ein paar wunderbare Talente, mein Süßer, aber das Organisieren von Veranstaltungen gehört wirklich nicht dazu."

„Es ist nicht so schlimm, wie es sich anhört, weil …"

Verlor plötzlich allen Mut. Wenn mir die „Lieblinge" und „Schätze" und „Süßen" nur so um die Ohren fliegen, dann ist es an der Zeit, die Waffenrüstung Gottes abzulegen und mich etwas wärmer anzuziehen.

„Weil was?"

„Äh, weil er eigentlich gefragt hat, ob wir beide das machen wollen, und ich gesagt habe …"

„Weil du gesagt hast, wir machen das."

„Sozusagen, ja."

„Du hast gesagt, wir machen das."

„So ähnlich."

23

„Du hast gesagt, wir machen das."

„Beinahe."

„Du hast gesagt, wir machen das."

„Ja."

Bisschen frostige Stimmung den Rest des Tages. Egal, was ich sagte, egal, zu welchem Thema ich mich äußerte, alles wurde geradewegs in den Kanal „Du hast gesagt, wir organisieren die Gemeindefreizeit" umgeleitet.

„Soll ich den Fernseher anschalten? Jetzt kommt deine Lieblingssendung, die mit dem Kaufhaus."

„Meinst du wirklich, wir haben Zeit zum Fernsehen? Sollten wir nicht lieber die Gemeindefreizeit planen, von der du gesagt hast, dass wir sie organisieren werden?"

„Ich bringe mal kurz den Müll raus."

„Nein, lass mich das lieber machen. Am Ende triffst du noch draußen auf dem Bürgersteig irgendjemanden, der dich bittet, irgendeine Aufgabe zu übernehmen, und du sagst zu; und dann haben wir nicht mehr genug Zeit, um die Gemeindefreizeit zu organisieren, von der du gesagt hast, dass wir die Verantwortung dafür übernehmen werden …"

Wurde nach einer Weile ein wenig ermüdend. War froh, als es Zeit zum Schlafengehen war.

Kam am nächsten Morgen nach unten und traf Anne fröhlich vor sich hin summend in der Küche an. Sie steckte gerade Brot in den Toaster.

„Tut mir leid, dass ich gestern Abend so stinkig geworden bin. Gerald hat angerufen."

„Ach ja?"

„Ja. Ich habe ihm von Dennis' Vorschlag erzählt, und er meinte, seine Gemeinde und unsere könnten sich doch für eine Wochenendfreizeit zusammentun. Sie haben schon irgendwo gebucht, und von St. Jims kommt nur eine recht kleine Gruppe mit. Offenbar sind in dem Heim noch jede Menge Betten frei. Ist natürlich nicht unbedingt ein gutes Zeichen."

Sie warf einen Blick auf den Notizblock, der auf dem Regalbrett neben dem Toaster lag.

„Das Haus nennt sich Einkehrstätte Friedenshof Scarleeswanvale. Das ist in einem Dorf namens Stanwick. Von der Entfernung her nicht so ideal, aber wir werden Mühe haben, so kurzfristig noch etwas näher Gelegenes zu kriegen. Gerald sagt, dieses Scarleeswanvale hätte in letzter Zeit ein paar Probleme gehabt, aber offenbar bieten sie für Gemeinden ordentliche Preisnachlässe an, um wieder mehr Gäste zu bekommen."

Plötzlich sah sie mich flehend an. Aaaah … welche Erleichterung. Wenn Anne mich flehend ansieht, ist es, als bräche die Sonne im Triumph hinter einer Wolke hervor.

„Adrian, das wäre doch toll! Josey und Cameron kommen auch mit, sagt Gerald. Dann sind wir alle zusammen. Und ich fände es faszinierend, ein paar von seinen Leuten mal woanders zu sehen als bei Ihnen zu Hause. Was meinst du?"

Nickte ernst und bedachtsam und versuchte dabei so auszusehen, als wäre das eine Entscheidung, die reiflicher Überlegung bedürfte.

„Nun, das muss ich natürlich mit Dennis besprechen. Bei solchen Sachen darf man nichts überstürzen, weißt du, Anne. Man muss die Leute auf dem Laufenden halten, wenn du verstehst, was ich meine. Sich verantwortungsvoll verhalten und so."

Mit einem süßen Lächeln erwiderte Anne: „Möchtest du deinen Orangensaft im Glas oder über den Kopf, Liebling?"

Rief Dennis am Nachmittag zu Hause an und trug ihm die Idee vor. Hätte schwören können, dass im Hintergrund leise rauschende Wellen zu hören waren, die sanft gegen einen tropischen Sandstrand schlugen.

„Finde ich klasse", sagte er träge und schob sein Glas dem kubanischen Barkeeper hin, um sich noch eine Piña Colada mit etwas mehr Rum und etwas weniger Ananas machen zu lassen.

„Hört sich großartig an, Adrian. Mach das. Grüß mir Anne."

Er legte auf. Weg. Wahrscheinlich war er ein bisschen spät dran, um unten am Strandgrill noch etwas von den Riesengarnelen und den Wildschweinsteaks zu ergattern.

Ab da war ich wirklich begeistert. Anne hängte sich richtig in die Sache rein, Gott sei Dank. Sie konnte schon immer gut organisieren. Überall lagen Listen herum, die sie sich machte, und sie plauderte lebhaft am Telefon mit Josey und Gerald.

Ich freue mich riesig, dass Josey und Cameron, mein sechzehnjähriger Enkel, mit Gerald zur Gemeindefreizeit kommen würden. Cameron steckt voller Überraschungen, wenn Sie wissen, was ich meine.

Und Josey – Josey. Ich weiß noch genau, wie wir unserer damals noch zukünftigen Schwiegertochter erstmals begegneten. Gerald und Josey waren sich nähergekommen, nachdem sie am Ridcliffe Hall Theological College in Camford ein gemeinsames Seminar besucht hatten. Anne und ich sollten sie und Gerald an einem Freitagabend in einem Restaurant in der Barton Road, ganz in der Nähe des Colleges, treffen. Ich war lächerlich nervös. Was sie wohl von mir halten würde? Was hatte sie von meinem Sohn über mich zu hören bekommen? Dann standen wir uns in der Lobby des Restaurants gegenüber. Sie war ziemlich klein und sehr hübsch, hatte kurze dunkle Haare und die ruhigsten, freundlichsten blauen Augen, die ich je gesehen habe.

Sie flüsterte: „Bist du so nervös wie ich?"

„Ich vergehe vor Angst", erwiderte ich.

Sie hakte sich bei mir unter, stellte sich auf die Zehenspitzen und gab mir einen Kuss auf die Wange. So hat sie es seither immer gemacht. Seit diesem Tag sind Anne und ich hingerissen von ihr, und daran hat sich nie etwas geändert.

Komische Sache mit der Liebe. Man denkt, man verstünde was davon, aber in Wirklichkeit weiß man immer nur ein kleines bisschen über einen winzigen Teil davon. Man bildet sich ein, die verschiedenen Arten der Liebe zu kennen. Als Sohn, als Bruder, als Ehemann, als Vater, als Freund – aber es gibt immer Überraschungen. So eine war Josey. Sie fand einen Platz in mir, an dem noch niemand wohnte, und zog dort ein.

Wahrscheinlich stimmt mit mir irgendetwas nicht. Ich weiß noch, wie ich einmal versuchte, mit meinem Freund Richard darüber zu reden, als Anne und ich mit den Cooks in der Nähe von Middleton-in-Teesdale im Urlaub waren, kurz nachdem Gerald und Josey ihre Verlobung bekannt gegeben hatten. Richard und ich gingen den Wanderweg zum High Force Waterfall hinunter, nachdem es in diesem Teil der Grafschaft Durham vierzehn Tage lang in Strömen geregnet hatte. Nachdenklich und offensichtlich nicht laut genug sagte ich zu ihm: „Denkst du manchmal über die vielen verschiedenen Arten von Liebe nach, Richard?"

„Ja", erwiderte er mit Nachdruck und versuchte, das lauter werdende Rauschen der Wasserfälle zu übertönen, „das tue ich. Ich glaube, ich kann immer noch eine ganze Menge davon aufzählen. Ich habe sie früher auswendig gelernt. Das war so eine Art Hobby von mir."

„Was?"

„Willst du ein paar hören, die ich noch weiß?"

Richard Cook? Verschiedene Arten der Liebe? Auswendig lernen? Ich war fasziniert. Da denkt man, man kennt jemanden …

„Ja, klar, leg los."

„Willst du sie in alphabetischer Reihenfolge haben? So habe ich sie mir eingeprägt."

„Äh, ja, von mir aus, wie du willst."

„Ackerzwiebel, Blumenzwiebel, Brutzwiebel, Feldzwiebel, Gartenzwiebel …"

Ich brüllte wie ein Wahnsinniger gegen Wind und Wasser an.

„*LIEBE*, NICHT *ZWIEBEL*, RICHARD!"

Richard schritt unbekümmert weiter in die Gischt voran und zählte dabei laut und mechanisch seine Zwiebeln auf.

„Hyazinthenzwiebel, Jakobszwiebel, Kartoffelzwiebel …"

„LIEBE! LIEBE!"

„Küchenzwiebel, Lauchzwiebel, Lilienzwiebel, Mäusezwiebel …"

Gab auf. Es kam mir vor, als wäre ich in ein anderes, völlig fremdartiges Paralleluniversum geraten. Um es vorsichtig auszudrücken: Unter einem unaufhaltsamen Wasserstrom zu stehen und dabei einem nicht weniger unaufhaltsamen, alphabetisch geordneten Strom von Namen jeder je entdeckten oder gezüchteten Spezies von Zwiebeln auf diesem Planeten zu lauschen, dürfte wohl ziemlich nahe am Ende des Spektrums meiner surrealen Erlebnisse einzuordnen sein.

Freute mich nicht ganz so riesig, als ich eines Abends einen Anruf von Minnie Stamp erhielt, bei dem sie mir mitteilte, sie sei fest entschlossen, mit zur Freizeit zu kommen.

Minnie ist eine Grundschullehrerin, die sich vor ein paar Monaten unserer Gemeinde angeschlossen hat. Sie ist Mitte dreißig, eher dünn als schlank, und Kopf, Oberkörper und Beine scheinen bei ihr nie eine gerade Linie zu ergeben. Wahrscheinlich liegt das daran, dass sich immer irgendein Teil ihres Körpers vor ungebetenem Mitgefühl krümmt. Außerdem – ich weiß,

28

man sollte auf so etwas gar nicht achten – hat sie ein kleines Problem damit, den Buchstaben „R" auszusprechen, besonders dann, wie ich mir in meinem Fieberwahn einbilde, wenn sie meinen Namen sagt. Eigentlich ganz hübsch auf ihre rührselige, Gänseblümchenkränze flechtende Art, aber sie geht mir ziemlich auf den Wecker, vor allem, weil sie auf jede Äußerung von mir so reagiert, als wäre ich zu ihr in die Seelsorge gekommen.

Letztes Jahr zum Beispiel fragte ich sie in der Gemeinde, ob sie irgendetwas zu dem Erntedankfestabend beitragen wollte, dessen Organisation ich übernommen hatte. Sie legte ihren Kopf zur Seite und kräuselte ihre Augenwinkel zu einer fürsorglichen, mitfühlenden Miene.

„Och Adrian", sagte sie, „will niemand bei deinem kleinen Picknick mitmachen?"

„Was? Äh, ja, nein, ich meine, es gibt kein Problem, Minnie. Es haben sich schon eine ganze Menge Leute eingetragen, vielen Dank. Es ist auch eigentlich kein *Picknick*, und ein kleines schon gar nicht. Vor allem ist es nicht *mein* Picknick. Ich will ja nur ..."

„Das gibt dir einen Vorwand, um auf Leute zuzugehen und dich mit ihnen zu unterhalten, nicht wahr, Adrian?"

Was für schwachsinnige Knirpse lässt unser Staat denn von dieser Frau unterrichten, lieber Himmel?

„Minnie, ich habe es nicht nötig ..."

„Wir haben dich doch alle lieb, Adrian. Gott liebt dich durch uns. Das weißt du doch, oder? Du brauchst dich nicht winzig klein und verloren zu fühlen. Du bist einer von den Leuten, die ich Gottes arme kleine Heinzelmännchen nenne, wie du dich immer abrackerst und plagst, damit wir dich bemerken. Aber wir bemerken dich doch, und wir haben dich ganz, ganz doll lieb!"

Sie befeuchtete ihre Fingerspitze mit der Zunge und berührte mich damit spielerisch an der Stirn. Hätte sie geahnt, wie dicht dieses arme kleine Heinzelmännchen daran war, ihrem Gesicht mit dem nächsten greifbaren stumpfen Gegenstand eine neue Form zu geben, so wäre ihr das Mark in den Knochen gefroren. Fragte hinterher Anne, wie es sein konnte, dass mir wegen einer solchen Banalität dermaßen die Zornesader schwoll. Warum zum Geier empfinde ich so ein starkes Bedürfnis, mich gegenüber einer Person zu rechtfertigen, die mir jedes Mal, wenn wir uns begegnen, ihre offenkundig lachhaften Einsichten überstülpt?

Ihre Antwort? „Adrian, ich finde, meistens geht es uns überhaupt nichts an, was andere über uns denken. Allerdings hast du tatsächlich etwas von einem armen kleinen Heinzelmännchen an dir. War mir bisher gar nicht aufgefallen. Ich muss mal Gerald fragen, wie er darüber denkt."

Hmm.

Nachdem ich an dem betreffenden Abend Minnie am Telefon begrüßt hatte, sagte sie: „Du hörst dich ja ganz grummelig-brummelig an, Adrian. Würde über deinem grummelig-brummeligen Tag die helle Sonne aufgehen, wenn ich dir sagen würde, dass ich mit zu diesem Gemeindedingsda komme und dir helfe? Genau das mache ich nämlich!"

Konnte ja jetzt schlecht sagen: „O Gott, nein! Nein, im Gegenteil, ich wünschte, wie hätten einen speziellen Anti-Zuschuss-Fonds, um Leute wie dich dafür zu bezahlen, dass sie wegbleiben."

Stattdessen sagte ich: „Oh, das ist – das ist schön, Minnie, wirklich schön. Ich trage dich in die Liste ein." Fügte hoffnungsvoll noch hinzu: „Du möchtest doch wirklich gern mitkommen, oder?

Nicht, dass du vielleicht denkst, du müsstest, weil wir Probleme hätten, genügend Teilnehmer zu finden …"

„Ehrenwerter Mister Adrian Plass!", unterbrach sie mich mit gespielter Strenge. „Minnie sagt, du sollst *schnurstracks* ins Badezimmer gehen, dich im Spiegel anschauen und sagen: ‚Ich bin eine leuchtende Kerze an Gottes Weihnachtsbaum, und alle lieben es, wie ich funkle.' Versprichst du mir das?"

„Also, ich …"

„Versprochen?"

„Ach, na schön …"

Als ich abends aus dem Bad kam und ins Bett stieg, fragte ich Anne: „Anne, liebst du es, wie ich funkle?"

Ein Moment Schweigen.

„Nicht gerade dein herausragendes Merkmal, mein Liebling", sagte sie.

Ha! Dachte ich mir's doch.

Ich muss sagen, wenn man so eine Veranstaltung zu organisieren hat, merkt man, dass es in der Gemeinde einen Haufen Leute gibt, die sich vorstellen, dass es im Leben darum ginge, möglichst heiter und gelassen von einer Komfortzone in die andere zu segeln. Leute, die einem bisher immer völlig entspannt und hilfsbereit vorgekommen sind, entwickeln plötzlich alle möglichen Ecken und Kanten, die von Leuten wie mir, die eigentlich noch nie so recht wussten, was sie taten, erst einmal geglättet und abgeschmirgelt werden müssen. Die Liste der Kommentare und Fragen liest sich sehr interessant, besonders, wenn ich die Antworten hinzufüge, die ich darauf gegeben hätte, wenn ich kein Christ und nicht mit einer Frau verheiratet wäre, die sich um die Endkorrektur meines Lebens kümmert.

„In welcher Richtung steht das Bett in meinem Zimmer? Ich kann nicht schlafen, wenn meine Füße nach Norden oder

Osten zeigen. Ich sollte hinzufügen, dass ich auch dann nicht schlafen kann, wenn mein Kopf nach Süden oder Westen zeigt. Gut schlafe ich dagegen, wenn meine Füße nach Süden oder Westen zeigen oder wenn mein Kopf nach Norden oder Osten zeigt."

Ja, sicher, keine Sorge. Alle Betten in Scarleeswanvale sind auf Drehscheiben angebracht, wie ein drehbares Tischtablett, und lassen sich in jede beliebige Richtung ausrichten.

„Sind Traumfänger erlaubt? Ich leere jeden Morgen die Albträume aus meinem Traumfänger in die Tonne aus, damit ich für die nächste Nacht vorbereitet bin."

Ah ja, natürlich, ich hatte ganz vergessen, dass Jesus ja zu seinen Jüngern gesagt hat: „Ihr sollt weder Gold noch Silber noch Kupfer in euren Gürteln haben, auch keine Reisetasche und keine Schuhe, aber auf keinen Fall dürft ihr eure Traumfänger vergessen. Schließlich sind sie eine unerschöpfliche Quelle inneren Friedens und nicht etwa ein Haufen Bockmist."

„Kommt Eileen Jessop auch mit? Wir haben kaum ein Wort miteinander geredet, seit sie sich 2011 auf der Weihnachtsfeier der Gemeinde über meine besondere Baisertorte lustig gemacht hat, und ich wüsste nicht, wie sich das in absehbarer Zeit ändern sollte."

Ja, Ihre liebe Schwester in Christus Eileen wird ebenfalls dabei und gern bereit sein, die Vergebung zu empfangen, die Sie als Christin ihr sicher nicht versagen werden, der es geboten ist, ihre Feinde zu lieben und ihnen zu vergeben. Ist das nicht schön?

„Mir war nicht klar, dass die Wochenendfreizeit eine Übernachtung einschließt."

Tut mir leid, meine Schuld. Wahrscheinlich war das Wort „Wochenende" etwas missverständlich, nicht wahr? Ich kann verstehen, dass das etwas verwirrend für Sie gewesen sein muss. Unbegreiflicherweise haben alle anderen es mühelos verstanden.

„Wir müssen doch dabei nicht irgendetwas tun, oder?"

Lieber Himmel, nein. Natürlich nicht. Wir werden alle das gesamte Wochenende über still und friedlich in unseren Zimmern sitzen, bis wir uns gefahrlos wieder auf den Heimweg begeben können.

Ein weiteres Problem waren Leute, die es sich anders überlegten.

„Es tut mir leid, ich hatte vergessen, dass ich da schon einen Termin hatte."

„Uns ist klar geworden, dass wir uns das nicht leisten können, und Almosen wollen wir auf keinen Fall annehmen."

„Ich muss mich vertan haben. Ich dachte, es wäre ein anderes Wochenende/Monat/Jahr/Jahrzehnt."

„Ich habe Zweifel und ich will es den anderen nicht verderben."

„Tut mir leid, aber wir haben gerade eine neue, lebendigere Gemeinde entdeckt, die unseren Bedürfnissen besser entspricht."

„Ja, wissen Sie, mir war nicht bewusst, dass ich dann ja *Emergency Room* verpasse."

Also ehrlich!

Deshalb fand ich es auch so erfrischend, als William Ebson eines Tages anrief, um für die Freizeit zuzusagen. Er und seine

Frau Lorna sind erst kürzlich zu unserer Gemeinde gestoßen. Er hat eine lange, spitze Nase, die von vorne betrachtet leicht nach links gebogen ist, und sie hat eine noch längere Nase, die nahezu im gleichen Winkel nach rechts gebogen ist. Sie scheinen ein recht munteres Ehepaar zu sein (sie wollten unbedingt wissen, ob es in der Einkehrstätte auch Doppelzimmer gibt!), sodass ich annehme, dieses Gesichtsverschiebungsphänomen könnte die Folge eines häufigen und leidenschaftlichen Nasenkontakts sein. Schwer zu sagen. Jedenfalls tat es richtig gut, nach all den Ausflüchten endlich jemanden ohne Wenn und Aber sagen zu hören, er würde zur Freizeit mitkommen.

„Na prima!", sagte ich zu Anne. „Nach dem ganzen Herumgeeiere, das ich mir anhören musste, ist es eine Riesenerleichterung, wenn jemand mal eine klare Entscheidung trifft. Da kommt einem die Arbeit gleich viel leichter vor."

„Ist das das Pärchen mit den Nasen, von dem du da redest?", fragte Anne.

„Genau. Warum?"

„Die sind ein bisschen flatterhaft, Schatz. Da muss man mit allem rechnen."

Widersprach. Hätte es besser wissen müssen.

Zeichnete jeden weiteren Anruf auf.

Anruf von Lorna Ebson. Bedauerlicherweise hätten sie und ihr Mann William beschlossen, sich zu trennen, weshalb sie nicht zur Freizeit mitkommen würden. Sehr traurig und unerwartet, aber solche Dinge passieren. Strich die beiden von meiner Liste.

Anruf von William Ebson. Nach vielen Gebeten habe er die geistliche Gewissheit, dass er und Lorna durch die Gnade Gottes wieder zusammenfinden und deshalb nun doch nur Gemeindefreizeit mitkommen würden, wenn das noch ginge. Großartige Neuigkeit! Setzte die Ebsons wieder auf meine Liste.

Anruf von Lorna Ebson. William und Gott seien vielleicht der Meinung, sie seien wieder zusammen, aber sie sehe das anders. Ob ich sie von der Liste streichen oder aber William ein Einzelzimmer zuweisen könnte, falls er unbedingt allein mitkommen wollte? Strich sie als Paar von der Liste und trug mit Bleistift ein Einzelzimmer für William ein.

Anruf von William Ebson, der bestätigte, er werde bei der Gemeindefreizeit ein Einzelzimmer benötigen. Trug ihn mit Tinte ein.

Anruf von Lorna Ebson. Sie und William hätten sich gerade getroffen und miteinander gebetet, und es habe ein machtvolles Versöhnungswunder stattgefunden. Sie würden sich nun doch nicht trennen und benötigten wie ursprünglich erbeten ein Doppelzimmer bei der Gemeindefreizeit. Setzte beide wieder auf die Liste. Löschte Williams Einzelzimmer mit Tipp-Ex.

Inzwischen habe ich den Namen „Ebson" so oft geschrieben, dass er zu einem bedeutungslosen Wort geworden ist. Interessanterweise ist mir das schon einmal mit dem Wort „Kord" passiert. Es schwirrte mir im Kopf herum wie eine Biene, die in einer Schachtel gefangen ist.

„Kord, Kord, Kord, Kord, Kord, Kord ..."
Brachte mich schier zum Wahnsinn.

Traf Gerald und sagte beiläufig. „Mir geht schon die ganze Woche das Wort ,Kord' im Kopf herum."

„Wieso das denn?"

„Ach, das spielt keine Rolle. Was ich sagen wollte, ist, dass ich es jetzt schon so oft vor mich hingesagt habe, dass ich kaum noch weiß, was es bedeutet."

Darauf Gerald: „Ach, erzähl mir nichts, Paps! Das kannst du ja wohl nicht vergessen haben, oder? Du weißt ganz genau, dass das eine Art Straße ist, die aus quer über ein Sechseck gelegten Baumstämmen besteht."

Zu verdattert um zu widersprechen. Griff bei nächster Gelegenheit zum Duden, um nachzuschlagen. Wie *kommt* der bloß auf solche Ideen? Als ich mich am nächsten Morgen anzog, sagte Anne: „Du hast schon lange nicht mehr deine Baumstammhosen angehabt, Liebling. Ich habe sie dir übers Sechseck gelegt ..."

Heutzutage weiß man nie, ist das Telepathie oder SMS?

Letzten Endes gab ich es auf, mich zu fragen, ob die Ebsons mitkommen würden. Wir haben sie angemeldet und hoffen das Beste. Überlege dauernd, ob es wohl ihre gemeinsamen Nasenaufhängungsprobleme waren, die sie ursprünglich zusammengeführt haben.

Als ob ich nicht schon genug Probleme hätte, setzte Dennis eines Abends kurz den Schnorchel ab und sagte, er finde, es wäre bestimmt sehr hilfreich, gegen Ende der Freizeit eine Plenarrunde durchzuführen. Ob ich Lust hätte, dabei die Leitung zu übernehmen?

Darauf ich: „He, ja, klar, gute Idee! Das mache ich sehr gern. Fand ich schon immer ganz toll – Plenarrunden, meine ich. Geht doch nichts über so eine gute alte Plenarrunde. Ja, prima!"

Während er in den Schlaf abdriftete – wahrscheinlich zu einem träumerischen Tauchgang, um sich an den schillernden Farben tropischer Fische und natürlicher Korallen zu ergötzen –, empfand ich den dringenden Wunsch, ich hätte direkt gesagt, dass ich nicht weiß, was eine Plenarrunde ist. Warum mache ich so etwas immer noch? Warum tue ich mit Mitte sechzig immer noch so, als wüsste ich über Dinge Bescheid, von denen ich in Wirklichkeit keine Ahnung habe? Was ist eine Plenarrunde? Keinen Schimmer. Hört sich irgendwie nach Planen oder Planieren an. Muss nachschlagen, sobald ich dazu komme. Nur gut, dass es Google gibt.

An einem Samstag kam Gerald vorbei, um über die Planung der Freizeit zu sprechen. Zeigte ihm ein Buch namens *Geistliches Ethos schaffen* von einem gewissen Denver Mountainberger, das ich mir gekauft habe. Ein Amerikaner, glaube ich.

Gerald warf einen Blick darauf und sagte: „Hm, komisch, oder? Schon wieder eine Nummer eins auf den internationalen Bestsellerlisten. Wie kommt es eigentlich, dass jedes christliche Taschenbuch aus Amerika, das ich je gesehen habe, Nummer eins auf den internationalen Bestsellerlisten ist? Das kann doch nicht bei allen stimmen, oder? Ich meine, per definitionem müssten doch schließlich *manche* Bücher Nummer zwei, drei, vier und so weiter sein, damit andere die Nummer eins sein können, oder?"

Gerald hatte schon immer die Neigung, lieber die kleinen Abzweigungen zu erkunden, statt friedlich die Hauptstraße entlangzutuckern.

In einem Kapitel mit dem Titel „Eine ganz besondere Zeit" schildert Mountainberger, wie die Mitglieder seiner Gemeinde während einer Wochenendfreizeit eine ihrer Mahlzeiten in völliger Stille einnahmen, mal abgesehen von der inspirierenden geistlichen Musik, die am hinteren Ende des Speisesaals spielte. Das Ergebnis war, sagt er, eine „Vertiefung der Bande zueinander und zu Gott, eine wahrhaft herzerwärmende Zeit, voller Liebe, Gnade und geistlicher Harmonie durch die zwar lautlose, aber umso beredsamere Begegnung unserer Blicke."

Dachte mir, das könnten wir bei unserer Freizeit ja auch mal versuchen. Las den kurzen Abschnitt abends im Bett Anne vor. Sie gähnte, runzelte die Stirn und sagte: „Wie *vertieft* man denn Bande? Müsste man sie nicht eher stärken oder festigen oder so?

37

Die Stelle, die du gerade vorgelesen hast, hört sich so an, als ob sich die Bande in die Haut einschneiden."

Bewahrte meinen Gleichmut und sagte: „Darauf kommt es doch jetzt gar nicht an. Was hältst du allgemein davon, dass wir eine Mahlzeit schweigend einnehmen?"

Sie gähnte abermals. „Ach, ich weiß nicht ... es ist ja schließlich eine Familienfreizeit, nicht? Was machen wir mit den Kindern?"

Ich erwiderte: „Na ja, ganz ehrlich, wenn Eltern ihre Kinder im Laufe eines ganzen Wochenendes nicht einmal eine Stunde lang im Zaum halten können, dann stimmt doch etwas nicht mit dem Ganzen – mit Eltern, die das nicht schaffen. Aber spricht dich dieser Gedanke einer wahrhaft herzerwärmenden Zeit voller Liebe, Gnade und geistlicher Harmonie denn nicht an?"

Darauf Anne: „Doch, klar, hört sich wunderbar an. Gerade deshalb denke ich ja, dass eine schweigende Mahlzeit bei einer Familienfreizeit wahrscheinlich keine so gute Idee ist."

Fragte am nächsten Morgen Gerald, was er von meiner Idee mit der Schweigemahlzeit hielt. Ich sagte: „Mama scheint nicht sehr erpicht darauf zu sein, aber sie sieht auch nicht immer alles richtig. Zum Beispiel dachte sie dieses Jahr irgendwann mal, sie hätte unrecht, aber dann stellte sich heraus, dass sie sich irrte. Da sieht man ja, dass sie nicht immer recht hat."

Verschwand auf die Toilette, bevor er etwas dazu sagen konnte. Schaute mich noch einmal um und sah, wie er mir erstaunt hinterhersah. Schön zu wissen, dass man seinen eigenen Sohn nach all den Jahren noch beeindrucken kann.

Bevor Gerald sich nach dem Mittagessen auf den Heimweg machte, fragte ich so beiläufig wie möglich: „Macht ihr

bei euch in der Gemeinde viele Plenarrunden, Gerald, oder …
oder nicht?"

„Na ja – manchmal schon, denke ich, ja. Wieso fragst du?"

„Ach, weißt du, ich habe mich nur gefragt, was für interessante Dinge bei denen passiert sind, die du geleitet oder organisiert
oder – gemacht hast?" Er sah mich an, nachdem er Anne, die gerade das Geschirr in
die Spülmaschine räumte, einen Blick zugeworfen hatte.

„Nun ja, abgesehen von allem anderen kommt es darauf an,
dass die Wassertemperatur genau richtig ist, Paps. Meinst du
nicht auch, Mama?"

„Oh ja, die muss stimmen."

„Die Wassertemperatur?"

„Ja", fuhr Gerald fort. „Ich meine, wenn du jedem einzelnen
Teilnehmer persönlich wirklich gründlich die Füße waschen
willst, dann musst du darauf achten, dass das Wasser nicht zu heiß
und nicht zu kalt ist und dass es während der ganzen Waschung
warm genug bleibt. Um genügend Handtücher musst du dich
natürlich auch kümmern. Wenn du das richtig machst, kann alles Mögliche passieren."

„Klar. Klar. Klar …"

O Graus! Allen die Füße waschen? Die Füße jedes einzelnen Teilnehmers? Wirklich gründlich? Hätte man mich vor die
Wahl gestellt, glaube ich, hätte ich mich lieber einschließen und
zwingen lassen, jede jemals gedrehte Folge von *EastEnders* anzuschauen, bis ich alle Drehbücher auswendig kenne.

Hörte Anne und Gerald lachen, als sie sich ein paar Minuten später draußen auf der Eingangstreppe verabschiedeten.
Als Anne wieder hereinkam, fragte ich sie, was denn so witzig
gewesen sei.

Darauf sie: „Ach, nichts, Liebling. Nichts Wichtiges. Ehrlich."

Hmm.

Ziemlich frustrierende Neuigkeit heute Morgen, nur wenige Tage vor unserer Gemeindefreizeit. Alf Sanderson ist ein alter Freund von uns und einer der Kirchenvorsteher von St. Peters, der Gemeinde, die uns für die Freizeit den Referenten und die Kindermitarbeiter zur Verfügung stellen soll. Alf rief an und sagte, die Gemeinde von St. Peters habe so etwas wie eine Implosion erlitten. Überrascht mich eigentlich nicht sehr. Unmittelbar offensichtlich, dass James Galston, ihr Pfarrer, der seit ein paar Monaten im Amt ist, sich in einem anscheinend unvermeidlichen „anglikanischen Frühling" befindet – das ist so ähnlich wie der arabische Frühling, nur in Miniaturform und von spezifisch anglikanischer Art. Mein Sohn, der mit James auf dem Seminar war, schildert ihn als einen von den Leuten, denen es nicht das Geringste ausmacht, über die theologische Bedeutung der Liebe zu diskutieren und gleichzeitig Kaninchen zu erwürgen, und die wahrscheinlich mit Gemeindegliedern ähnlich umgehen würden, wenn sie eine Lücke im Kirchengesetz fänden, die das zuließe.

Gerald hatte James in seiner früheren Gemeinde besucht und erzählte, wie er durch den Haupteingang hereinkam und ihn im Gespräch mit, so Geralds Beschreibung, „einem von diesen total weißen, pummeligen Mädchen, die ihre Pfarrer immer als seelischen Mülleimer benutzen", antraf. Kaum hatte er Gerald gesehen, schleuderte Galston das arme Mädchen mehr oder weniger von sich. Sie hatte Glück, dass er sie nicht gleich erwürgte, meine Gerald. Sie flog quer über den Mittelgang, prallte am Ende einer Kirchenbank ab und stand dann, nachdem sie sich den Staub ein wenig abgeklopft hatte, ein wenig verbeult und mit einer Schafsgeduld da, um zu warten, bis ihr erwählter Mülleimer wieder verfügbar wäre.

Wir wussten, dass es zwischen dem Pfarrer und den guten Leuten von St. Peters zu wachsenden Konflikten gekommen war, insbesondere, seit er verfügt hatte, dass die Mitglieder der Jugendgruppe ein Glaubensbekenntnis unterzeichnen mussten, bevor sie im Einkaufszentrum Weihnachtslieder singen durften. Allerdings hatten wir nicht geahnt, dass die Lage schon so dramatisch war.

„Ich fürchte", sagte Alf trübselig, „es war die Sache mit eurer Freizeit, an der sich der Funke letzten Endes entzündet hat. Pfarrer Galston sagt, ihm hätte niemand gesagt, dass David und die beiden Damen zu euch kommen würden, um eure Gruppen zu leiten. Er wurde stinkwütend und schickte überall Nachrichten herum, in denen er Leute dafür kritisierte, dass sie Entscheidungen treffen, ohne ihn zu konsultieren, wo er doch die Verantwortung für das Ganze tragen solle. Nun ja, in eurer Gemeinde müssen sich die Leute so etwas nicht anhören, oder? Ich habe noch versucht, ihm zu verstehen zu geben, dass das vielleicht nicht der ratsamste Weg sei. Aber nichts zu machen. Daraufhin fingen die Leute an, mit E-Mails um sich zu sprühen wie ein Haufen wild gewordener Feuerwehrleute mit Hochdruckschläuchen. Letztendlich versuchte der Pfarrer, mit der Faust auf den Tisch zu hauen. Er sagte David und June und Valerie rundheraus, sie dürften nicht zu euch kommen. Dann ging natürlich die Granate richtig hoch, und das Maß war voll. Am kommenden Wochenende gibt es ein Riesengemetzel von einer Gemeindeversammlung ..."

„... bei dem David und die anderen auf jeden Fall dabei sein müssen."

„Tut mir wirklich leid, Adrian."

„Nicht deine Schuld, Alf. Ich hoffe sehr, die Versammlung bringt was. Gottes Segen dafür."

41

Was wäre das für ein tolles Team gewesen. Katastrophe! Muss ganz neu überlegen.

Gute Nachricht, was die Referenten für unsere Freizeit angeht – hoffe ich. Gestern rief ich in Scarleeswanvale an, um den Leuten dort unser Thema mitzuteilen und zu fragen, ob sie Leute aus der Gegend dort kannten, die sich für unsere Freizeit zur Verfügung stellen könnten. Bekam heute Morgen eine E-Mail vom Hausleiter, einem Mann namens Alan Varney. Geschrieben im Stil alter Telegramme, bei denen man sich so kurz und abgehackt wie möglich fassen musste, weil man pro Wort zur Kasse gebeten wurde.

„Mr. Plass. Büro hat sich lokal erkundigt. Referent nur für zwei Blöcke am Samstagvormittag gefunden. Stanley Blorgan. Zwei Kindermitarbeiterinnen. Megan Stride und Sarah Pile. Hier nicht bekannt, aber verfügbar. Ja oder nein? Varney."

Las die Mail Gerald am Telefon vor.

Er sagte: „Hmm, ziemliche Plaudertasche, der Mann, was? Dieser verführerisch poetische Tonfall. Aber eigentlich haben wir ja kaum eine Wahl, oder, Paps? Wir wollen nicht, dass unsere eigenen Leute alles andere verpassen, weil sie es machen müssen. In der Not schmeckt jedes Brot, oder wie man sagt. Lass uns das so machen."

Erzählte Anne davon. Sie sagte: „Blorgan, Stride und Pile, ja? Hört sich an wie eine von diesen verruchten Anwaltskanzleien bei Charles Dickens. Trotzdem, es wird schon gut gehen."

Hoffentlich.

Versuchte, Dennis anzurufen, aber er war nicht da. Ich hinterließ ihm eine Nachricht nach einem Signalton, der eine unheimliche Ähnlichkeit mit der höchsten Saite einer Ukulele hatte …

Na ja, vertrau auf Gott und halt die Augen weit offen, wie mein Großvater immer sagte.

Immerhin eine sehr gute Nachricht. Pater John, ein Mönch aus einem immer kleiner werdenden Orden in Scarborough und ein alter Freund von Edwin, kommt zur Freizeit! Großartig! Dieser Mann ist mit seiner wunderbaren Mischung aus erfrischender Alltäglichkeit und schrulliger Mystik im Lauf der Jahre für Anne und mich zu einer Art Leuchtfeuer geworden. Sein Gott scheint viel netter und erheblich pfiffiger zu sein als der, den die meisten von uns zu kennen meinen. Hatte ihm ins Blaue hinein eine kurze Nachricht geschickt und gefragt, ob er kommen könne. Nun schickte er mir einen wunderbaren Brief.

Lieber Herr Plass,

ich werde allmählich lächerlich alt. Die Hoffnung in mir schwillt immer noch an wie ein Ballon, während mein Körper schrumpft, als wäre er mit der falschen Temperatur gewaschen worden. Immerzu sage ich den Leuten, die nächste Sache, bei der ich mitmache, werde für mich das letzte Mal sein, aber dann kommt es doch immer wieder anders – bisher jedenfalls. Ja, ich komme gern zu Ihrer Gemeindefreizeit. Ich weiß, dass der liebe Edwin nicht dabei sein wird. Er hat inzwischen seine letzten Dinge auf dieser Welt erledigt und ist als Pionier losgezogen, um herauszufinden, ob all das, was wir zu glauben behaupten, wirklich wahr ist. Vielleicht interessiert es Sie zu hören, dass ich immer noch Kontakt mit Victoria und Stenneth Flushpool habe – und sogar noch regelmäßiger mit der entzückenden jungen Andromeda, die inzwischen natürlich nicht mehr ganz so jung ist, außer im Vergleich zu mir. Dafür ist sie noch entzückender geworden und erheblich nützlicher für Gott obendrein, nachdem nun ihre herrlich streitbare Natur unter seiner Herrschaft steht.

Ich vermute, diese alten Freunde werden wahrscheinlich nicht bei Ihnen sein, aber es würde mich sehr freuen, Sie und die liebe Anne und Gerald und Josey noch einmal wiederzusehen. Cameron muss jetzt ja schon richtig erwachsen sein. Ein zweiter Gerald? Wehe dir, Kirche! Wehe dir, Welt!

Natürlich widerstrebt es mir sehr, in der Frage der Teilnahme gegen den Willen Gottes zu handeln. Deshalb bin ich einem vor vielen Jahren von Ihnen beschriebenen Beispiel gefolgt und habe mich um Gottes Führung bemüht. Ich schlug Gott also in aller Demut vor, falls er nicht einverstanden sei mit meiner Teilnahme, möge er mich dies durch ein Zeichen wissen lassen: General Booth möge heute um 11.36 Uhr in einem purpurnen Rolls-Royce vor unserem Tor vorfahren und „The Laughing Policeman" singen. Seit 11.35 habe ich mit angehaltenem Atem durchs Fenster hinausgespäht, aber jetzt ist es 11.38, und da der ehrwürdige General nie an Porphyrophobie litt und von unwandelbarer Pünktlichkeit war, schreibe ich Ihnen mit Freude diesen Brief. Bis bald!

Liebe Grüße an alle,
Pater John

Die Zeit vergeht wie im Flug! Morgen brechen wir auf nach Scarleeswanvale. Kaum zu fassen! Ich hoffe, es klappt alles. Früher war ich immer optimistisch bei allem, wozu Gott mich aufforderte. Dann ging ich durch eine Phase, in der ich dachte, alles müsse immer schiefgehen, weil das nun einmal so oft der Fall gewesen ist. Heute weiß ich, dass Dinge selten so gut laufen, wie ich es erwarte, aber auch fast niemals so schlimm ausgehen, wie ich es befürchte.

Habe eben den letzten Absatz Anne gezeigt und sie gefragt, ob das auf ein Wachstum im Glauben hindeute. Ihre Antwort? „Ja, Liebling, du hast inzwischen fast aufgeholt. Gut gemacht." Ist das ein Kompliment?

Jedenfalls werde ich von morgen an versuchen, stündlich alles Wichtige aufzuzeichnen, was sich auf der Freizeit tut. Das könnte eine nützliche Vorlage für Leute werden, die in Zukunft ähnliche Veranstaltungen organisieren.

2 FREITAGVORMITTAG

Zeitig aufgestanden. Sehr aufregend! Rief schon früh heute Morgen Leonard Thynn an, um mich zu vergewissern, dass er und seine Frau Angels wissen, wo die Tagungsstätte ist und wie sie dort hinkommen. Habe nie vergessen, wie ich vor Jahren einmal mit Leonard unterwegs war. Ich fuhr, und er war (theoretisch) fürs Kartenlesen zuständig. Er schaffte es zwar, jede Abzweigung richtig anzugeben, aber meist erst, nachdem wir hätten abbiegen sollen. Nachdem mich diese unerträgliche rückblickende Navigation ungefähr eine Stunde lang auf die Palme gebracht hatte, hielt ich auf dem Seitenstreifen und fragte ihn, warum er mir denn nicht sagen könne, was ich zu tun hatte, bevor ich es tun musste.

„Ich wollte dich nicht ablenken, Adrian", erwiderte Thynn. „Das kannst du doch nicht gebrauchen, dass dich einer anspricht, wenn du gerade dabei bist, abzubiegen oder dich in eine viel befahrene Straße einzufädeln oder dergleichen."

„Ja, aber Leonard, siehst du denn nicht, dass ich ja gar nicht abbiegen kann, wenn du mir nicht sagst, wo und wann? Ablenkung ist also gar kein Problem. Sie spielt dabei gar keine Rolle, oder? Es gibt ja nichts, wovon du mich ablenken könntest, nicht wahr?"

„Na ja, aber wenn du erst ein Stück weiter die Straße entlangfahren und eine Stelle zum Wenden finden musst, um dann wieder an die Kreuzung zu kommen, wo du hättest abbiegen sollen, dann hast du reichlich Zeit, darüber nachzudenken und sicherzugehen, dass du richtig abfährst. So gesehen sage ich dir doch sehr rechtzeitig Bescheid, oder?"

Nicht zum ersten Mal saß ich einfach nur da, starrte Thynn an und musste mir resigniert eingestehen, dass der Versuch, mithilfe meines Gehirns mit ihm zu kommunizieren, ungefähr ebenso sinnlos war wie der, mich mithilfe eines Inuit-Sprachführers nach Buslinien in Aserbaidschan zu erkundigen.

An diesem Morgen wollte ich nur wissen, ob Leonard und Angels es rechtzeitig schaffen würden, zum Abendessen da zu sein.

„Ach", sagte Leonard, „wir kommen bestimmt zurecht. Wir haben uns eins von diesen Dingern gekauft, die man an die Windschutzscheibe klebt, und dann sagt einem jemand darin, wie man dort hinkommt, wo man hinwill."

„Ein Navigationsgerät, meinst du?"

Pause.

„Nein, es ist eins von diesen Dingern, die man an die Windschutzscheibe klebt, und …"

„Genau das ist ein Navigationsgerät, Leonard. Auch kurz Navi genannt. Bist du sicher, du kommst damit zurecht?"

„Ja, Adrian, Angels und ich haben die Bedienungsanleitung äußerst gründlich gelesen. Schon verblüffend, diese Dinger, was?"

„Das sind sie. Na, ich bin froh, dass du und Angels – nun, dass ihr euch die Zeit genommen habt, euch mit eurem Gerät vertraut zu machen."

„Danke, ja, haben wir. Ach übrigens, da ist eine Kleinigkeit, die uns noch nicht ganz klar ist. Woher weiß eigentlich die kleine Person in dem Nivea-Ding, wo man überhaupt hinwill? Wer sagt ihm das?"

Ich Blödmann. Natürlich wäre es zu schön gewesen, um wahr zu sein.

„Leonard, da ist keine kleine Person im Nivea – ich meine im Navi. Du musst die Adresse eingeben, die ich dir geschickt habe, und die Person, die …"

„Also doch eine Person. Warum sagst du erst, da wäre keine – oh, warte mal Adrian, Angels ruft mich. Ich muss Schluss machen. Wir sehen uns heute Nachmittag in der Tagungsstätte. Tschüss!"

Ach du grüne Neune.

Als wir nach Stanwick aufbrachen, fiel mir plötzlich ein, dass ich immer noch nicht herausgefunden hatte, was eine Plenarrunde ist. Mag Anne nicht fragen. Wünschte, ich hätte nicht so lange damit gewartet.

3 FREITAGNACHMITTAG

Kamen gegen halb drei bei der Einkehrstätte Friedenshof Scarleeswanvale an. Ging nicht gerade friedlich zu dort. Panische
Atmosphäre im Empfangsbüro, in dem zwei hektische, verstört
dreinblickende junge Frauen mit Listen und Namensschildern
und Formularen herumfuchtelten. Die Atmosphäre erinnerte
mich ein bisschen an die Szene in *Titanic* – kurz, nachdem sie
den Eisberg gerammt haben, sie über den Plänen des Schiffs
brüten und ihnen klar wird, dass alle sterben werden.

Nannte ihnen unsere Namen und wartete, während sie in
ihren Tabellen und Papieren blätterten, Namensschilder vom
Tisch fegten und um ein Haar Flüche hervorstießen, während
sie sie wieder aufhoben.

Eine der beiden blickte auf und sagte, während sie wild auf
einem Bleistift herumkaute, mit nervöser, aber hoffnungsvoller
Miene: „Sie werden sicher die Bryologen aus Huddersfield sein,
stimmt's?"

Kurzes Schweigen.

„Äh, nein", erwiderte Anne. „Die werden wir nicht sein."

„Sind Sie *sicher*?" Sie warf einen weiteren Blick auf ihre Liste.

„Nein, schauen Sie, tut mir leid, aber ich sehe hier keine Möglichkeit, wie Sie das nicht sein könnten. Sie *müssen* das sein!"

„Nun, tut mir ebenso leid, aber wir können das nicht sein,
weil – nun ja, vor allem, weil wir es nicht sind", gab Anne
geduldig zurück.

„Nicht die aus Huddersfield?"

„Nein, nicht einmal die aus Huddersfield. Ehrlich gesagt, ich weiß nicht einmal, was ein Bryologe ist. Weißt du, was ein Bryologe ist, Adrian?"

Schüttelte den Kopf.

„Ein Bryologe ist jemand, der Moose studiert", klärte uns die junge Frau auf, breitete die Hände aus und betonte besonders das Wort *Moose*. Mit einer leicht verärgerten, aber flehenden Miene starrte sie Anne an, als könnte diese entscheidende Information vielleicht in ihr die Erinnerung wachrufen, dass sie ja doch eine Bryologin sei und in Huddersfield wohne, sodass sich alles zur allgemeinen Zufriedenheit klären würde.

Anne sagte: „Nein, nein, wie schon gesagt, wir heißen Adrian und Anne Plass. Wir haben nur ein äußerst geringes, *winziges*, eigentlich kaum wahrnehmbares Interesse an Moosen, und wir gehören zum Vorbereitungsteam für die Gemeindefreizeit. Mein Mann und ich haben definitiv schon vor einiger Zeit hier gebucht."

Wieder angespanntes Zischen und Flüstern und Seufzen, begleitet von hektischem Zurückwerfen der Haare und fieberhaftem Tabellenstudium.

„Aha! Da haben wir's. Ich glaube, jetzt ist alles klar. Es ist alles in Ordnung. Alles ist in Ordnung. Das kriegen wir hin! Alles klar! Mrs. Plass, Sie haben die obere Koje im Nebengebäude unten im Dorf am Fuß des Hügels, sehr praktisch für die Aufsicht über Ihre Schizophrenen-Selbsthilfegruppe. Und Mr. Plass wird hier im Hauptgebäude in der ‚Kleinen Kapsel' nächtigen, wie wir sie nennen. Die ist ganz oben im Turm, mit eigener Falltür und allem Drum und Dran. Ich gebe Ihnen jetzt Ihre Namensschilder und ..."

„Moment, Moment, Moment, darf ich Sie unterbrechen?"

Bemerkte, dass Annes höfliche Stimme einen eisigen Unterton bekam.

„Ich weiß, das ist hier eine schwierige Aufgabe, und Sie geben sich große Mühe, aber ich muss Ihnen zwei Dinge sagen – nein, drei Dinge. Erstens werde ich nicht in einer Koje im Nebengebäude unten im Dorf übernachten. Zweitens haben wir in unserer Gemeinde keine Schizophrenen-Selbsthilfegruppe, und bei allem Mitgefühl, das ich mit der Person habe, die offenbar eine solche Gruppe in dem Nebengebäude beaufsichtigt – und glauben Sie mir, ich habe großes Mitgefühl mit dieser Person und diesen Leuten –, bin ich nicht diese Person. Drittens wird mein Mann nicht wie Rapunzel in einer ‚kleinen Kapsel‘ ganz oben im Turm übernachten. Wir werden zusammen schlafen – also zusammen übernachten, meine ich – und zwar in dem Doppelzimmer mit Bad – *mit Bad* – im Hauptgebäude. In dem Zimmer nämlich, das wir vor geraumer Zeit gebucht haben. So werden wir das machen.“

Kurzes, brodelndes Schweigen. Gefolgt von ausgiebigem stürmischem Seufzen.

„Zufällig haben wir tatsächlich ein Doppelzimmer frei“, meldete sich die Dame zu Wort, die noch nichts gesagt hatte, und tippte aufgeregt mit dem Finger auf ein Kästchen ihrer Tabelle, „wenn es Ihnen nichts ausmacht, Bad und Toilette mit anderen zu teilen.“

Wollte schon sagen, das wäre kein Problem, doch Anne sagte in einem Tonfall, den man sonst höchstens gegenüber einem widerspenstigen Mitglied einer Schizophrenen-Selbsthilfegruppe anschlägt: „Oh, das macht uns aber sehr wohl etwas aus, nicht wahr, denn wissen Sie, wenn wir Bad und Toilette mit anderen Gästen teilen müssten, entspräche das doch wohl ganz und gar nicht der allgemein akzeptierten Definition eines ‚Doppelzimmers mit Bad‘, das wir gebucht haben, oder sehe ich das falsch?“

„Einen Moment, einen Moment, ich glaube, ich habe es!",
sagte die erste der beiden zu ihrer Kollegin. „Schau mal, Janice,
wir könnten doch die Vierundzwanzig und die Zweiunddreißig in die Fünfzehn legen, dann der Neunundvierzig (das ist
Sally, die stört es nie, wenn sie umziehen muss) sagen, sie muss
mit der Sechsunddreißig zusammenziehen, bis übermorgen die
Achtundzwanzig frei wird und wir beide in die Zwölf verlegen
können, und dann kann die Neunundvierzig in die Achtundzwanzig gehen, sodass die Zweiunddreißig bei der Fünfzehn
bleibt. Die Vierzundzwanzig kann sich dann aussuchen, ob sie
zurück in die Vierundzwanzig geht oder in die Sechsunddreißig
oder die Neunundfünfzig umzieht, da die beiden ja am Sonntag sowieso in die Siebzehn umziehen. Wenn wir das alles so
machen, können wir Mr. und Mrs. Plass die Siebenunddrei-
ßig geben, und das ist ein Doppelzimmer mit Bad. Der einzige
Punkt ist …"

Anne schaltete sich argwöhnisch ein. „Ja-a-a-a, bitte sagen
Sie uns, was der einzige Punkt ist." Sie lachte kurz auf wie über
etwas ganz Absurdes. „Sie wollen ja wohl nicht, dass wir unseren
Namen ändern, oder?"

Kurzes, unbehagliches Schweigen.

„Äh, nun, ich weiß, das hört sich vielleicht ein bisschen albern an, aber würde es Ihnen sehr viel ausmachen, Ihre Namen
zu Mr. und Mrs. Dabeney zu ändern – natürlich nur für dieses
Wochenende?"

„Ach, also nicht für den Rest unseres Lebens? Einen Moment
lang war ich ein bisschen beunruhigt."

Nervöses Lachen.

„Nein, es ist nur so, dass uns das hier in der Verwaltung eine
ganze Menge Extraarbeit ersparen würde. Die Namensschilder
sind ja alle schon fertig und so …"

War ganz aus dem Häuschen, als ich Gerald, Josey und Cameron sah, die kurz darauf auftauchten. Gerald und Cameron sind wie immer. Wie zwei passende Babuschka-Puppen, was das Aussehen und den Humor angeht. Josey ist lieb wie immer, aber sie drückte mir ungewöhnlich fest den Arm, als sie mir einen Kuss gab, fast so, als wollte sie mir ein Geheimnis mitteilen. Bin etwas beunruhigt.

Sagte zu Anne, ich fände den Gedanken, die Nacht mit der mysteriösen Mrs. Dabeney zu verbringen, durchaus prickelnd. Darauf sie: „Vergiss es, Rapunzel, oder ich sperre dich in die Kapsel."

Die Namen auf unseren hastig vorbereiteten Namensschildern sind ziemlich schwer zu lesen. Müssen wir uns später noch drum kümmern. Ich bin offenbar jemand namens „EDRAIN BASS". Meine Frau scheint „ANDA PULSE" zu heißen. Gerald meint, ich höre mich an wie ein Abtrünniger der Amish, der sich aus dem Staub gemacht hat, um ein unzüchtiges Wochenende mit einem skandinavischen Pornostar zu verbringen. Nicht gerade eine im Himmel geknüpfte Beziehung.

Im Laufe des Nachmittags strömten die Leute aus beiden Gemeinden heran. Bekannte und unbekannte Gesichter, und dazwischen überall herumlaufende Kinder. Die altvertraute Mischung aus Unsicherheit und Herzlichkeit. Keines von beiden traf freilich auf einen großen, kantigen, erschreckend eindringlich blickenden Mann mit seitwärts beweglichem Kiefer zu, vermutlich aus Geralds Gemeinde, der seinen Kopf durch das Fenster der Anmeldung steckte und die Leute im Büro anbellte, als ich gerade irgendjemandem das Gepäck hereintrug. Offenbar war sein Gemüt dabei, sich ein wenig zu erhitzen.

„Also, bitte sehen Sie es mir nach, wenn ich nicht weit genug vorausgedacht habe. Ich bin törichterweise davon ausgegangen, zehn Monate vorher würden ausreichen, um Sie von meiner heutigen Ankunft in Kenntnis zu setzen. Hätte ich gewusst, dass ich meinen Platz hier bereits kurz nach meiner Geburt hätte buchen müssen, so hätte ich natürlich darauf bestanden, dass meine Eltern sich unverzüglich mit Ihnen in Verbindung setzen, sobald die Hebamme mich ihrer Obhut übergeben hatte. Aber vielleicht wäre selbst das zu spät gewesen, oder? Wären nur meine Großeltern so umsichtig gewesen, Sie gleich nach dem Krieg zu benachrichtigen.

Gerüchten zufolge ist dies hier eine christliche Einrichtung. Wenn das der Fall ist, wäre es dann zu viel verlangt, wenn sich diese theoretische Christlichkeit in irgendeiner Form darin niederschlagen würde, wie Sie Ihren Betrieb hier tatsächlich führen, oder stelle ich zu hohe Ansprüche?"

Traf Gerald, der gerade in der Moon Lounge zwei kleine Mädchen mit Eistütenschleifen in den Haaren abklatschte. Erzählte ihm, was los war, und fragte ihn, wer der Mann sei.

Er stöhnte und sagte: „Ach du meine Güte, ich gehe mal lieber und eile den armen Leuten zu Hilfe. Hört sich an wie Alvin Dekkle, unser Evangelist von ‚Frische Ausdrucksformen in der Kirche'. Er wurde uns vom Bischof aufgedrängt – dankenswerterweise zur Verfügung gestellt, meine ich –, der wohl keinen anderen Ort fand, wo er ihn loswerden – ich meine, unterbringen – konnte. Josey hält sehr viel von der Sache mit den Frischen Ausdrucksformen, und sie mag ihn gern, wie sie jeden gern mag, aber selbst sie sagt, dass er einen Großteil der Zeit herumsitzt und ein Gesicht macht, als hätte es selbst die Luft, die ihn umgibt, auf ihn abgesehen. Er hilft nie mit, Stühle zu stellen oder Gottesdienste vorzubereiten, und er scheint eine Gabe zu haben, sich mit allen möglichen Leuten zu überwerfen. Erinnerst du dich an das Anagramm für ‚Evangelist', das du mal in einem deiner Bücher hattest, Paps? ‚Gasventile‘, richtig? Bist du *sicher*, dass du Alvin noch nie begegnet bist? Ich gehe mal lieber und versuche, die Sache zu richten.‟

Gladys Merton, eine schon recht betagte, liebenswerte Dame aus unserer Gemeinde, winkte mich herüber zu ihrem Sessel in der Moon Lounge, als ich auf meinem Weg zum Büro dort hindurch kam. Sie bedeutete mir, mich dicht zu ihr herunterzubeugen, und flüsterte mir nervös ins Ohr.

„Adrian, ich mache gar nicht gerne Umstände, und es ist mir furchtbar peinlich, Leuten zusätzliche Arbeit zu machen, aber glauben Sie, es wird alles gut gehen mit meinen dummen Essproblemen? Ich *glaube*, ich habe daran gedacht, alles im Anmeldeformular einzutragen. Muss ich mich an irgendjemand anderes wenden, oder …?‟

Ergriff eine ihrer Hände.

„Gladys, Sie sind großartig! Sie erinnern mich daran, dass ich der Küche noch eine Liste all unserer besonderen Bedürfnisse geben muss, was Lebensmittel angeht, Ihre natürlich auch. Da gibt es einige; Sie sind keineswegs die Einzige. Ich gehe gleich hin und erledige das. Danke für Ihre Hilfe!‟

Ließ Gladys strahlend in der Moon Lounge zurück und holte die benötigte Liste aus unserem Zimmer. Eine rundliche, lächelnde Frau mittleren Alters nahm das Blatt an der Küchendurchreiche von mir entgegen und warf einen kurzen Blick darauf.

„Ich hoffe, das macht nicht zu viele Schwierigkeiten?‟

Sie lachte.

„Überhaupt nicht. Kein Problem. Wir wollen ja, dass den Leuten ihr Essen schmeckt. Unter den Jüngeren hier gibt es ein paar wenige, die in solchen Dingen ein bisschen rücksichtslos ist, aber nach und nach bringen wir es ihnen schon bei.

Und überhaupt, Ihre Liste ist nichts im Vergleich zu manchen Leuten, die wir hier haben. Wohlgemerkt", fuhr sie fort und tippte mit dem Finger auf ein laminiertes Blatt, das mit Posterstrips an der Wand neben der Durchreiche befestigt war, „so schlimm wie das hier war noch keine Gruppe bisher. Das war vor meiner Zeit. Wir sind nicht sicher, ob das echt ist oder nicht, aber es bringt uns immer zum Lachen und erinnert uns daran, dass alles viel schlimmer sein könnte."

Sie schälte das Blatt von der Wand und reichte es mir.

„Nehmen Sie es mit und lesen Sie es mal durch. Wird Ihnen gefallen. Hängen Sie es wieder dran, wenn Sie fertig sind. Ich heiße übrigens Meg."

„Ich bin Adrian. Danke, Meg."

Die Ebsons trafen auf den letzten Drücker am Empfang ein, zusammen mit ihrem Gepäck und ihren ungeraden Nasen. Beide mit versteinerter, grimmiger Miene. Lorna nahm Anne und mich zur Seite, um uns etwas zu sagen.

Sie fing an: „Adrian, es tut mir unendlich leid, dass ich gleich zu Beginn der Freizeit mit schlechten Neuigkeiten komme, aber während der Fahrt hierher sind William und ich zu dem Schluss gekommen, dass unsere Ehe endgültig und unwiederbringlich vorbei ist. Wir werden aber die erste Nacht in unserem gebuchten Zimmer verbringen, um niemandem Umstände zu machen."

Nein, nein, das war ja klar, dass sie das auf keinen Fall wollten. Leuten Umstände machen? Wer? Die Ebsons? Nie im Leben.

„Morgen früh wird William dann in ein Einzelzimmer umziehen, falls noch eines frei ist, und ich fahre nach Hause."

„Lorna, seid ihr euch da wirklich ganz sicher?", fragte Anne sanft.

Langsam und ernst erwiderte Lorna: „Anne, nach der kommenden Nacht werden William und ich nie wieder unter demselben Dach schlafen. Himmel und Erde mögen dank der Gnade Gottes zusammenkommen und erneuert und wieder vereint werden, wenn die Zeit erfüllt ist, aber wir nicht."

Ging kurz vor vier hinauf zur Dreiundsechzig, dem Zimmer der Ebsons, um ihnen zu sagen, der Tee sei serviert, und ich hätte ab morgen ein Einzelzimmer für William organisiert. Wollte gerade anklopfen, als ich merkte, dass von drinnen quietschende Bettfedern und schweres Atmen zu hören waren. Die rauften sich doch wohl hoffentlich nicht? Als ich anklopfte, herrschte plötzlich Stille; dann hörte es sich so an, als ob Leute fieberhaft herumhuschten und aufräumten. Endlich öffnete sich die Tür einen schmalen Spaltbreit, und Lorna Ebson spähte mit leuchtenden Augen und gerötetem Gesicht zu mir hinaus.

„Oh, entschuldige die Störung, Lorna – ich wollte nur sagen, dass es jetzt Tee gibt und dass ich ein Einzelzimmer für William ab morgen beschaffen konnte …"

„Ach so! Ja. Äh, darüber wollten wir noch mal mit dir reden. William und ich haben uns überlegt, dass es sich vielleicht lohnt, es äh …"

Wollte hilfsbereit sein.

„Noch einmal miteinander zu probieren?"

Pause.

„Äh, ja, genau. Ja. Wir wollen es noch mal probieren. Wir, äh – wir kommen gleich runter, sobald …"

„… ihr es noch mal probiert habt?"

Pause.

„Äh, richtig, ja."

Schloss vorsichtig die Tür, um Lornas Nase nicht einzuklemmen, und ging wieder hinunter in den Wintergarten.

Traf unterwegs eine sehr nette Dame, die beladen mit Kissen und Laken und Reisetaschen und einer Federdecke den Gang entlangkam. Fragte, ob ich helfen könne. Sie stellte sich als Sally vor. Sie hilft regelmäßig ehrenamtlich in Scarleeswanvale aus.

Ich sagte: „Ach, dann sind Sie bestimmt die Dame, von der gesagt wurde, sie werde aus der Neunundvierzig ausziehen und sich ein Zimmer mit der Sechsunddreißig teilen, um dann schließlich die – war es die Achtundzwanzig? – zu beziehen."

„Genau", sagte Sally bekümmert, aber schicksalsergeben. „Nur klappt das alles nicht, weil die im Büro sich in der Woche geirrt haben und alle Zimmernummern sowieso nicht stimmten. Es macht mir nicht groß was aus, aber ich muss jetzt in die Dreizehn umziehen, bis die Einundfünfzig frei wird, und dann hängt alles davon ab, ob der Mann aus dem Dorf kommt, um das Bett in der Zweiundsechzig zu reparieren. Ich komme mir manchmal vor wie einer dieser arabischen Nomaden, die ständig mit ihren Zelten durch die Wüste streifen. Es macht mir nicht groß was aus, aber ..."

Zeigte Mitgefühl und half ihr, ihren Kram bis zur nächsten Oase zu tragen, aber in der Dreizehn war gerade jemand eingezogen. Also lud Sally ihr Zeug geduldig auf dem Fußboden ab und ging zum Büro, um die Leute dort zu fragen, wo sie als nächstes hinsollte. Hoffe, sie findet bald einen Landeplatz.

Als ich wieder hinunterkam, fragte Anne: „Na, wie geht's den Ebsons?"

Flüsterte ihr zu: „Ich glaube, es hat ein neuerliches Versöhnungswunder gegeben. Ein recht lebhaftes, wie es sich anhörte. Sie probieren es noch einmal miteinander. Mindestens einmal."

Nach dem Tee tauchte Josey an meiner Seite auf, nahm meinen Arm und fragte, ob wir nach der großen Vorstellungsrunde am Abend ein bisschen Zeit miteinander verbringen könnten. Sie wolle mir etwas sagen.

Verbrachte einen Großteil der nächsten Stunde oder noch länger damit, mir den Kopf zu zerbrechen, was sie mir wohl sagen wollte. Josey ist eines der größten Geschenke, die Gott mir je gemacht hat. Eine köstliche Perle. Eine wirkliche, echte Freundin. Die einzige Schwiegertochter, die ich je haben werde, und die Art und Weise, wie sie mich offensichtlich in ihr Herz geschlossen hat, raubt mir den Atem. Es ergibt einfach keinen Sinn. So, wie wenn man feststellt, dass irgendjemand einem ohne ersichtlichen Grund einen Riesenhaufen Geld aufs Konto eingezahlt hat. Da ist immer diese Angst, dass alles nur ein Irrtum war und der Betreffende sein Geld zurückhaben will. Man muss Glück haben, um auch nur eine Person wie Josey im Leben zu haben. Ich habe vier. Ich bin reich.

Die Frage ging mir unentwegt im Kopf herum, während ich Leuten ihre Zimmer zeigte, Gepäck die Treppen rauf- und runterschleppte und mich geduldig um jedermanns Probleme zu kümmern versuchte: Was wollte Josey mir sagen?

Endlich bot sich eine Chance, mich in das kleine Morgenzimmer neben der Moon Lounge zu setzen, als die Fünfminutenglocke ohrenbetäubend durchs Gebäude zu scheppern begann, mit hemmungsloser Hingabe geschwungen von einem jungen Mitglied der Gemeinschaft, das um keinen Preis hinnehmen wollte, dass während seiner Wache irgendjemand zu spät zum Abendessen kam. Griff nach der Liste, die Meg mir geliehen hatte, und nahm mir einen Moment Zeit, sie zu lesen.

BESONDERE DIÄTANFORDERUNGEN FÜR GAST IN ZIMMER 24, 17.-25. SEPTEMBER 2007

- Fettfrei, weizenfrei, frei von Milchprodukten, zuckerfrei, lactosefrei, glutenfrei.
- Kein Fleisch, kein Fisch und keine Eier, versteht sich.

- Nichts in Öl Gebratenes.
- Auch kein Soja, keine Hülsenfrüchte, Leguminosen und Nüsse oder irgendwelche Speisen, die in einer Küche zubereitet wurden, in der zuvor Nüsse, Hülsenfrüchte oder Leguminosen zubereitet wurden.
- Keine hoch verarbeiteten Lebensmittel oder irgendetwas mit künstlichen Süßmitteln, Zusatzstoffen, Farb- oder Aromastoffen, einschließlich Salz, Kräuter und Gewürze.
- Keine Getränke mit Kohlensäure. Keine Fruchtsäfte. Kein Koffein, Tannin oder Kakao.
- Keine Tomaten (hoher Säuregehalt), keine Kirschen, Aprikosen, Pfirsiche oder Pflaumen (cyanogene Glykoside), kein Rhabarber (Oxalsäuresalze) sowie keine Melonen, Bananen, Datteln oder Orangen, wegen des Kaliums. Bitte kein Reis und keine Pasta – auch nicht glutenfrei (weit oben auf dem glykämischen Index), keine Kartoffeln (Glykoalkaloide) und keine Schokolade (wegen des Alkaloids Theobromin) sowie auf keinen Fall Muskatnuss (Myristicin) oder weiße Bohnen (Lektine).
- Keine Getreidearten, bei denen in den letzten zwanzig Jahren Pestizide, Dünger oder Herbizide zum Einsatz kamen, und bitte kein Obst oder Gemüse, das verpackt war, da dabei immer die Gefahr besteht, dass Bakterien mit eingeschlossen werden.

Sie sagt: „Abgesehen von den Dingen auf meiner Liste esse ich alles gern. Ich muss sogar bekennen, dass das Essen eine meiner kleinen Schwächen ist."

Während ich die verblüffende Liste von Sonderwünschen wieder an die Wand klebte, winkte ich grinsend Meg zu, die in den Tiefen der Küche eifrig beschäftigt war. Sie lächelte zurück, winkte mit einer Hand und wischte sich mit der anderen über die Stirn.

4 FREITAGABEND

Alle außer Leonard und Angels waren inzwischen sicher eingetroffen, als Gerald das Tischgebet sprach und wir alle uns gesetzt hatten und auf das Essen warteten. Wunderbar, Pater John wiederzusehen mit seiner kratzigen alten Kutte und dem Seil um die Taille. Immer noch ist er immerzu am Lächeln und verbreitet dabei Frieden und Lachen, wie andere ihre Erkältungen weitergeben. Aber gebrechlich ist er geworden. Unsere Ersatzreferenten sind auch schon da. Stanley Blorgan sieht ganz okay aus. Ziemlich groß, kräftig gebaut, enormes Gebiss, aber sehr gesprächig und freundlich. Nach dem Tee war er gleich voller Energie in die Hexagonal Lounge verschwunden, wo wir morgen Vormittag zusammenkommen werden, wie ein Packesel beladen mit Büchern und Papierstapeln und allerlei Gerätschaften. Scheint mit Begeisterung bei der Sache zu sein.

Bei den Kindermitarbeiterinnen sieht die Sache schon anders aus. Gerald bemerkte beunruhigt, Megan Stride und Sarah Pile sähen aus wie zwei Frauen, die beim Casting für die *Addams Family* nicht genommen wurden, weil sie zu gruselig wirkten. Die größere der beiden, Megan, hat riesige, niemals blinzelnde Augen, eingebettet in ein leichenblasses, ovales Gesicht und einen Kranz vorzeitig ergrauter glatter Haare. Sarah Pile hat kurze, pechschwarze Haare, die ihr senkrecht auf dem Kopf stehen, und trägt permanent eine Miene schockierten Entsetzens auf dem Gesicht, als hätte sie irgendwann einmal einen schweren elektrischen Schlag bekommen und versuchte seither dahinterzukommen, was mit ihr passiert war. Ach du grüne Neune. Wie wohl die Kinder mit denen klarkommen? Muss sagen, dass die Mitglieder der Gemeinschaft ein sehr gemischtes Häufchen sind. Die meisten Leute im Küchenteam sind ausgesprochen freundlich und fürsorglich den Gästen gegenüber, wenn sie sie bei Tisch bedienen. Dagegen lässt ein untersetzter, niemals lächelnder junger Mann, der heute Abend mitbediente, einiges zu wünschen übrig. Kam mit einem Teller in der Hand aus der Küchentür und rief laut und leidenschaftslos: „Wer wollte glutenfrei?"

Die kleine Gladys Merton, die bei Gerald am Tisch saß, gab sich pflichtschuldig als diejenige zu erkennen, die „glutenfrei wollte", doch was sie dann vor sich sah, als der Teller unsanft vor ihr auf den Tisch geknallt wurde, schien sie etwas zu beunruhigen. Nervös rief sie ihrem „Kellner" hinterher, der sich bereits abgewandt hatte und auf die Küche zusteuerte.

„Äh, bitte entschuldigen Sie, es tut mir furchtbar leid, Ihnen zur Last zu fallen, aber ich hatte doch auf meinem Formular eingetragen, dass ich nicht nur glutenfreies Essen brauche, sondern auch eine Lactoseintoleranz habe. Das hier sieht wunderbar aus, und ich bin sehr dankbar, aber manche dieser Sachen kann ich einfach nicht essen, denn sonst ..."

Ohne eine Miene zu verziehen, unterbrach sie der junge Mann mit einem Laut, der irgendwo zwischen einem Seufzen und einem Grunzen lag, und brüllte dann in Richtung Küche: „Kann mal einer auf die Liste gucken, ob die Glutenfreie am Tisch vier auch lactoseintolerant ist?"

Gerald stand abrupt auf und rief in fast exakt identischem Tonfall: „Und kann mal einer nachschauen, ob der Höflichkeitsfreie, Anstandsintolerante, der neben Tisch vier steht, tatsächlich auf harmlose Gäste losgelassen werden kann?"

Der junge Mann machte ein wütendes Gesicht, aber da Geralds Einwurf mit einer Runde Applaus quittiert wurde, konnte er nur mit feuerroten Wangen den Rückzug antreten. Wenige Minuten später servierte ein dunkelhaariges Mädchen mit osteuropäischem Akzent der lieben Gladys mit strahlendem Lächeln und einer herzlichen Bitte um Entschuldigung das richtige Essen. War stolz auf meinen Sohn.

Immer noch keine Spur von Leonard und Angels, als nach dem Abendessen in der Moon Lounge der Kaffee serviert wurde. Lieh mir das Bürotelefon aus, um Leonard auf seinem Handy anzurufen. Kam nach etwa drei Versuchen durch. Die übliche wirre, Kopfschmerz induzierende Unterhaltung.

„Hallo Leonard, hier ist Adrian. Ich wollte mal hören, ob bei dir und Angels alles okay ist."

„Hallo, ja, alles bestens hier."

„Gut, auf welcher Straße seid ihr denn?"

„Auf der M6."

„Auf der M6? Aber das ist die falsche – welche Richtung auf der M6? Norden oder Süden?"

„Äh, beides."

„Beides? Wie meinst du das, beides?"

„Wir fahren schon seit einer ganzen Weile auf demselben kleinen Stück M6 hin und her, Adrian."

„Warum?"

„Ähm, wir verzählen uns immer bei den Ausfahrten der Verkehrskreisel. Katy sagt ..."

„Katy?"

„Die Frau in dem Navi-Dings sagt immer so Sachen wie: ‚In den Kreisverkehr einfahren, dann fünfte Straße rechts', und wir versuchen sie abzuzählen, aber irgendwie zählen wir immer Straßen mit, die gar keine Ausfahrten sind, und landen dann in der falschen. Gerade eben sind wir in eine hineingefahren, die überhaupt keine Ausfahrt war. Sie war das Gegenteil von einer Ausfahrt. Sie war eine Einfahrt. Das war ziemlich gefährlich. Wir haben beide laut geschrien, als ein Lastwagen uns beinahe niedergewalzt hätte. Und jedes Mal, wenn so etwas passiert, müssen wir zurück auf die M6 und es noch mal versuchen. Jetzt sind wir schon zigmal dasselbe Stück Autobahn auf- und abgefahren. Angels sagt, es ist wie in einem von diesen seltsamen Filmen, in denen man ständig dasselbe kleine Stück seines Lebens wiederholen muss, und sie bekommt es ein bisschen mit der Angst zu tun."

„Aber Leonard, du musst doch nur die Ausfahrt nehmen, die nach Stanwick ausgeschildert ist. Du brauchst die Ausfahrten überhaupt nicht zu zählen. Hör nicht auf das Navi und folge einfach den Schildern."

Pause.

„Da wird Katy aber sauer sein."

„Katy? Wer ist Katy?"

„Hab ich dir doch gesagt – die Frau in dem Navi-Dings."

„Nein! Leonard, die ist doch bloß eine ..."

Leitung tot.

Wollte noch ein bisschen höfliche Konversation machen, bevor ich das Büro verließ, und fragte die etwas streng aussehende Dame, die dort gerade am Schreibtisch einen Stapel A4-Bögen guillotinierte, woran sie gerade arbeite.

Sie blickte auf die Blätter.

„Ach, die hier meinen Sie. Wir haben früher immer handgeschriebene Briefe geschickt, um unsere Liebe und Unterstützung für frühere Mitglieder der Gemeinschaft auszudrücken, wenn wir von irgendwelchen Problemen in den Teilen der Welt hörten, in denen sie lebten. Immer, wenn es irgendwo auf der Welt eine Naturkatastrophe oder Krise gab. Nun hat Mr. Varney beschlossen, dabei auf weniger zeitraubende, effizientere Weise vorzugehen. Das hier sind vorgedruckte Briefe, in denen einfach nur noch das Nichtzutreffende gestrichen werden muss. Sie liegen in dem Korb da drüben mit der Aufschrift ‚Mitgefühlsbekundungen'."

Sie hielt mir eines ihrer halbierten A4-Blätter hin.

„Wollen Sie mal schauen?"

Ich nahm es in die Hand.

„Danke."

PERSÖNLICHER UNTERSTÜTZUNGSBRIEF AN FREUNDE UND KONTAKTPERSONEN IN NOTLAGEN

*Liebe(r) Freund(in) / Mitstreiter(in) / freiwillige(r) Helfer(in) / frühere(r) Angehörige(r) der Gemeinschaft / zukünftige(r) Angehörige(r) der Gemeinschaft /____ (*Nichtzutreffendes streichen oder ergänzen*), hiermit möchten wir Dir versichern, dass wir in Gedanken bei Dir sind, während Du mit dem Tsunami / dem Erdbeben / dem Atomunfall / den Unruhen / der bedrückenden Diktatur / den Waldbränden / dem Hurrikan / der Vogelgrippe / ____ (*Nichtzutreffendes streichen oder ergänzen*) ringst, die Dein Heimatland Uganda / Australien / Libyen / Neuseeland / Japan / Pakistan / Isle of Wight / ____ (*Nichtzutreffendes streichen oder ergänzen*) befallen hat / demnächst befallen wird (*Nichtzutreffendes streichen*). Sei bitte gewiss, liebe(r) (*Namen einfügen*), dass wir an Dich denken und gelegentlich / häufig / ohne Unterlass (*zutreffendes Engagement auswählen*) für Dich beten. Wir hoffen, Dich in nächster / naher / ferner / unbestimmter (*Wahrscheinlichkeit angeben*) Zukunft wiederzusehen.*

Mit lieben Segenswünschen und aufrichtiger Anteilnahme,
Deine Scarleeswanvale-Gemeinschaft

Hmm. Weiß nicht recht, was ich davon halten soll.

Nach Tee und Kaffee, als die Kinder mit Megan und Sarah – oder den „Dunklen Mächten", wie mein Enkel Cameron sie bereits getauft hat – in ihre eigene Gruppe verschwanden, kam der Hausleiter in die Hexagonal Lounge, um uns zu begrüßen.

Alan Varney entpuppte sich als Mann von mittlerer Größe, untersetzt, mit buschigen Augenbrauen, durchdringendem Blick, dunklen, schnurgeraden Haaren in Bürstenschnitt und einem außergewöhnlich spitzen Kopf. Er wirkte sehr zornig und sehr walisisch. Sagte, er werde am Ende seiner Begrüßung eine kurze Andacht halten. (Nicht, dass irgendetwas grundsätzlich Verwerfliches daran wäre, Waliser zu sein, versteht sich.)

Ging eine Liste von Hinweisen zum Haus durch und sagte dann, er sei gern bereit, Fragen zu beantworten.

Gerald erkundigte sich, ob eine gewisse Wahrscheinlichkeit bestünde, dass der Feueralarm, falls er ertönte, in irgendeinem zeitlichen und ursächlichen Zusammenhang mit der Möglichkeit stehen könnte, dass tatsächlich ein Feuer ausgebrochen sei. Ein oder zwei Leute, die den Humor in der Frage zu würdigen wussten, lachten leise. Alan Varney starrte verständnislos und ignorierte Gerald komplett.

Dann kam eine zweite Frage. Jemand wollte wissen: „Wie viele Angestellte haben Sie hier in Scarleeswanvale?"

„Gar keinen!", bellte Varney. Seine Stimme hatte einen leicht triumphierenden Beiklang, als hätte er den Fragesteller in einem strategisch gelegten Hinterhalt erwischt. „Wir sind eine Gemeinschaft und kein Hotel. Manche Leute in unserem Küchenteam zum Beispiel haben noch nie zuvor eine derartige Arbeit gemacht. Bitte bedenken Sie das. Die einzige Anforderung ist, dass sie ihr Bestes geben."

Der gute alte Richard Cook meldete sich zu Wort.

„Winston Churchill sagte, es reiche nicht, unser Bestes zu tun; manchmal müssten wir tun, was erforderlich ist."

„Ist das eine Frage?"

Ziemlich unhöflich.

„Entschuldigung." Der arme Richard hörte sich ziemlich eingeschüchtert an. „Ich habe mich nur gefragt, ob Sie ihm wohl zustimmen."

„Ich persönlich interessiere mich nicht sehr für das Evangelium des heiligen Winston", erwiderte Varney trocken. „Roh behauene Aphorismen streitsüchtiger Alkoholiker sind meiner Ansicht nach kein Ersatz für die Heilige Schrift. Noch weitere Fragen?"

„Es kommt einem vor, als wäre Jesus selbst im Raum, was?", flüsterte Gerald mir zu.

„Entschuldigung, ich hätte eine Frage."

Die Sprecherin war eine elegante ältere Dame.

„Eine von uns", murmelte Gerald mit einem leisen, erwartungsvollen Lächeln. „Das wird sicher interessant."

„Ich frage mich", fuhr die Dame mit etwas heiserer, aber schön modulierter Stimme fort, „wie Sie es angesichts der gewaltigen, verantwortungsvollen Aufgabe, die Sie hier erfüllen, schaffen, Leuten wie uns, die doch zweifellos den glatten Ablauf des Gemeinschaftslebens hier erheblich stören, mit solch herzlicher Freundlichkeit zu begegnen."

Varney musterte die Fragestellerin argwöhnisch, doch als ich mich zu ihr herumdrehte, sah ich nichts als höfliche Neugier in ihrem länglichen Pferdegesicht.

„Die Gemeinschaft ist für die Gäste da", erwiderte er knapp. „Eigentlich sind die Gäste sogar ein wenig leichter zu verkraften, denn sie fahren ja wenigstens irgendwann wieder nach Hause."

Dieser unverhoffte Exkurs in Varneys ureigenen Holzhammerhumor rief hier und da ein nervöses Kichern hervor, aber ein Comedy-Festival war das nicht gerade.

„Ich habe erwähnt", fuhr Varney fort, „dass wir hier in Teams arbeiten. Normalerweise würde ich die Funktion jedes Teams kurz erläutern, aber unsere *kreative* Leiterin Alison Bates" – er betonte das Wort „kreativ" so, als handelte es sich um eine Geschlechtskrankheit – „hat eine Präsentation in gereimten Versen geschrieben, die sie und einige Mitglieder der Gemeinschaft jetzt gerne vortragen möchten. Ich habe sie selbst noch nicht gesehen oder gehört", fügte er überflüssigerweise hinzu.

Alison Bates, eine lebhafte und entzückend aussehende Frau in den Dreißigern, gekleidet in Trainingsanzug und Turnschuhe, stürmte zusammen mit vier anderen jungen Leuten nach vorn und arrangierte die Gruppe zu einer Reihe, mit den Gesichtern zu uns. Alison lächelte strahlend.

„Guten Abend! Hallo alle zusammen! Schön, dass Sie hier bei uns sind."

Allgemeines erleichtertes Aufatmen im Raum. Ein menschliches Wesen!

„So, wir tragen jetzt unser kleines Gedicht vor, um Ihnen die Teams und die Leute vorzustellen, die hier in Scarleeswanvale arbeiten. Insgesamt sind es zehn Strophen, und jeder von uns trägt zwei davon vor. Zunächst einmal ein paar Namen von denjenigen, die Sie hören werden: Jane kümmert sich ums Finanzielle. Sie jagt einem manchmal ein bisschen Angst ein, aber ohne sie würde der Laden hier im Nu auf Grund laufen. Steve ist unser unglaublich gut aussehender Grundstücksverwalter. Roz kümmert sich ums Personal. Brillant, arbeitet aber zu viel. Stan ist der Betriebsleiter. Sein Spezialgebiet bei *Mastermind* wäre auf jeden Fall ‚Alles unter der Sonne' – keine Fehler, und gepasst wird auch nicht. Ruth ist unsere wunderbare Kaplanin. Sie hat über alles Mögliche jede Menge zu sagen, und das ziemlich laut, hält auch nicht hinter dem Berg, wenn ihr etwas stinkt, aber sie ist dabei unheimlich lieb. Und Alan kennen Sie natürlich schon, unseren frisch-fromm-fröhlich-frechen Hausleiter. Ach ja, und dann gibt es noch den Kongress. Das ist die Gruppe, die sich alle zwei Monate trifft, um zu schauen, wie der Laden läuft und ob Alan nicht wieder mit der Portokasse durchgebrannt ist. Es wäre schwierig, ihm das ein drittes Mal zu verzeihen."

Gekicher allenthalben. Nur Alan Varney verzog seine finster dreinblickende Miene nicht.

„Also dann los jetzt! Wir nennen es ‚Die Ballade von Scarleeswanvale‘."

Zu jedem Vers hielt Alison ein Schild hoch. Gerald bat sie hinterher um eine Kopie.

HAUS
Auf unsren Toiletten, da duftet es himmlisch,
selbst Gott riecht das sehr gern.
Bei den Damen ist das kein großes Wunder,
umso mehr allerdings bei den Herrn.

KÜCHE
Der köstliche Wohlgeruch Gottes
füllt die Küche mit Duft wie bei Mutter,
zum Lobpreis voll Inbrunst im glitzernden Dunst,
veredelt er göttlich das Futter.

FINANZEN

Im Büro unten bei den Finanzen
lässt Gott sich nur selten sehn.
Er ist da nicht gern, doch er kann das erklärn:
„Ich hab ziemlichen Bammel vor Jane."

GRUNDSTÜCK

Das Gelände ist riesig und unwegsam,
der Verwalter war kürzlich am Stöhnen:
„Ich heiße zwar Steve, doch widerstrebt es mir tief,
mich ans Märtyrertum zu gewöhnen."

PERSONALWESEN

Bei Roz da kann selbst Gott noch was lernen,
sie ist zuständig fürs Personal,
und kümmert sich morgens bis abends um Nöte,
so ist das hier nun mal.

GASTGEBERTEAMS

Bei den Gastgeberteams würde Gott schon bald
vor Langeweile verrückt,
doch wird man sie schätzen und sich dort einsetzen,
wenn man sich vor Arbeit gern drückt.

KONGRESS

Beim Kongress muss Gott wohl dabei sein,
alle Schöpfung ist sein, wie ihr wisst,
doch schaut man sie alle der Reihe nach an,
kriegt man nie heraus, welcher er ist.

BETRIEBSLEITER

Den göttlichen Betrieb leitet Stan zwar,
doch schaffen kann man das kaum.
Er bohrt schon mal Dübel in störende Gäste,
und tränkt sie in fiesem Bau-Schaum.

KAPLANIN

Ruth ist unsre Kaplanin,
viele Gaben hat Gott in ihr vereint,
doch warum legt sie Schranken auf ihre Gedanken?
Wir wüssten so gern, was sie meint.

HAUSLEITER

Der Hausleiter hälts mit dem Genesis-Gott,
genauso wie er will er sein.
Der Weg ist noch weit, die Schöpfung braucht Zeit,
doch das Chaos, das klappt schon recht fein.

Am Schluss rannte das ganze Team winkend und lachend aus dem Saal. Jede Menge Applaus von uns allen. Als sie an mir vorbeikamen, hörte ich deutlich eines der grinsenden Mädchen mit ausländischem Akzent vernehmlich flüstern: „Rennt, rennt, rennt um euer Leben! Flieht vor dem Hausleiter! Flieht vor Alan Varney, wenn euch euer Leben lieb ist!"

Ein paar von den Mitgliedern der Gemeinschaft, die im Raum verstreut standen, lachten sich über den einen oder anderen Vers scheckig, besonders über den letzten. Voller Insider-Witze, schätze ich. Aber Varney war stinkig. Er brodelte vor Wut. Man sah es an seinen Augen. Das starre Lächeln, das er „um der Gäste willen" seinem Gesicht aufzwang, war zutiefst und aufs Erheiterndste unglaubwürdig.

„Das war's dann. Einige der wunderbaren jungen Leute in unserer Gemeinschaft!", stieß er zwischen gebleckten Zähnen hervor. „Sehr eigenwillig in der Auswahl ihres Materials, aber wir schätzen sie natürlich sehr, allesamt, und wir ermuntern sie gern zu einer Balance zwischen Spaß und richtiger Arbeit."

Ich sprach ein kurzes, stilles Gebet, Gott möge mich vor der grauenhaften Aussicht bewahren, mein Leben zwischen Spaß und richtiger Arbeit auszubalancieren.

Varneys „kurze Andacht", mit der er sofort danach begann, war alarmierend, um es milde auszudrücken. Geradezu verstörend. Vielleicht ging es ihm darum, sämtliche Spuren tödlicher, leichtfertiger Vergnügtheit auszumerzen, die noch in der Luft hängen mochten. Zu Beginn zerrte er einen scheußlichen, alten, fleckigen Spiegel in einem reich verzierten, aber rostigen Metallrahmen aus einer Sainsbury-Tasche. Dann begann er zu sprechen. Es war, als hätte man bei einer lebensgroßen Predigerpuppe den Schalter betätigt. Seine Ansprache war eine Art verbaler Tsunami, vorgetragen in einem resonanten Kommandoton, der sich umso wütender und walisischer anhörte, je lauter er wurde.

„Schauen Sie her!", deklamierte er und hielt mit dramatischer Geste den Spiegel hoch. „Was sehen Sie? Ich sage Ihnen, was Sie sehen! Sie sehen einen Spiegel, nicht wahr? Und was sehen Sie, wenn Sie *in* den Spiegel schauen? Ich sage Ihnen, was Sie sehen, wenn Sie in diesen Spiegel schauen. SIE SEHEN SICH SELBST!"

Die Wucht, mit der diese eigentlich selbstverständliche Information vorgetragen wurde, brachte die vordersten zwei oder drei Reihen dazu, sich alle gleichzeitig mit vor Schrecken geweiteten Augen nach hinten zu lehnen wie Weizen, über den ein plötzlicher Sturm hinwegfegt.

„Und GEFÄLLT Ihnen das, was Sie in diesem Spiegel sehen? Das ist meine Frage für den heutigen Abend. GEFÄLLT IHNEN DAS, WAS SIE SEHEN?"

Mit wildem Blick begann Varney, sich in einem offenbar von Groucho Marx abgeschauten Krebsgang von einer Seite des Raums zur anderen zu bewegen und dabei den Spiegel hochzuhalten, damit auch jeder in der geplagten ersten Reihe einen Blick auf sein verstörtes Spiegelbild erhaschen konnte.

„Und GOTT!" Schließlich nahm Varney wieder seinen Standort in der Mitte ein und deutete hilfreicherweise mit einem Finger an die Decke. „Gefällt denn GOTT, was er sieht? Ich möchte, wann immer Sie an diesem Wochenende in Ihren inneren Spiegel schauen, was auch immer Sie gerade tun, dass Sie sich diese Frage stellen: GEFÄLLT GOTT, WAS ER IM SPIEGEL IHRES LEBENS SIEHT?"

Er ließ den Spiegel sinken. Das schien die Puppe wieder abzuschalten.

„Meine Damen und Herren, als Nächstes steht für Sie im Nebenraum heiße Schokolade auf dem Programm. Gute Nacht."

„Meine Güte!", sagte ich zu Gerald, als wir uns benommen zur Moon Lounge hinüberschleppten. „Ich glaube, wenn der den Marsch in den Himmel anführt, schere ich in Luton aus der Kolonne aus."

„Hmm", erwiderte Gerald. „Bei ihm hört sich Gott an wie ein geistesgestörter walisischer Bauer, dem sein Traktor gestohlen wurde. Was wohl die Gemeinschaft von ihm hält?"

Während wir in der Moon Lounge miteinander plauderten und auf unsere heiße Schokolade warteten, kamen die kleinen Kinder herein, um uns zu zeigen, was sie mit Megan und Sarah gemacht hatten. Einem Beerdigungszug gleich marschierten sie in den Raum. Zwei von ihnen hielten ein großes Papierkreuz, das mit kleinen bunten Handabdrücken bedeckt war.

„Wir haben uns mit der Sünde und dem Kreuz beschäftigt", sagte das größere der beiden Gespenster und bewegte dabei den Mund wie ein heftig nach Luft schnappender Fisch auf dem Trockenen.

„Jedes Kind", krächzte die Elektroschockierte, „hat einen Handabdruck auf das Papier gemacht, um zu zeigen, dass es seine Sünde war, die Jesus ans Kreuz genagelt hat."

Das Papierkreuz wurde emporgehalten und um der Kinder willen mit schwächlichem Applaus quittiert. Dennoch, wie Michael Howards Erzkritikerin Ann Widdecombe vielleicht gesagt hätte, hatten diese beiden Frauen und ihre gruselige Verkündigung kindlicher Schuld etwas eindeutig „Nachtgeschöpfhaftes" an sich.

Josey ging leise nach vorn und kniete sich neben die Kleinen und ihr Papierkreuz. „Ich fände es schön, wenn jeder von euch uns zeigen könnte, welches eure Handabdrücke sind", sagte sie. „Wie habt ihr die so deutlich und in so schönen Farben hingekriegt?"

Daraufhin brach begeistertes Geplapper aus. Wie ein Frühlingsregen in der Wüste. Nachdem jedes Kind gewissenhaft sein kleines Meisterwerk vorgezeigt hatte, setzte sich Josey auf ihre Fersen und hielt sich den Finger an die Lippen, um Ruhe einkehren zu lassen. Die Kleinen scharten sich gehorsam um sie.

„Als ich ein bisschen größer war als ihr, aber immer noch ziemlich klein", sagte sie, „was glaubt ihr wohl, was da mit mir passiert ist? Ich bin getauft worden. Das heißt, ich habe mich in ein großes Wasserbecken gestellt, und der Mann, der unsere Gemeinde leitete, hat ein Gebet gesprochen, mich für ungefähr zwei Sekunden unter Wasser getaucht und mich dann wieder aufgerichtet. Weiß einer von euch, warum er das gemacht hat?"

Große Augen und Kopfschütteln.

„Nun, das sollte zeigen, dass Jesus mich gewaschen hat, damit ich für ihn arbeiten und lauter aufregende Sachen erleben kann."

„Wie ein Bad", meinte ein kleines Mädchen mit lockigen Haaren.

„*Genau* wie ein Bad", stimmte Josey zu und klopfte dem kleinen Mädchen bewundernd auf die Schulter, „aber eines, bei dem ich innen und außen gewaschen wurde. Aber über eine Sache habe ich mir große Sorgen gemacht."

„Worüber denn?", erkundigte sich ein kleiner Junge an seinem im Mund steckenden Daumen vorbei.

„Vor mir waren zwei große, erwachsene Männer in das Becken getaucht worden, und die hatten, kurz bevor sie ins Wasser stiegen, den Leuten in der Gemeinde erzählt, was für schlimme Dinge sie früher getan und was für schreckliche Zeiten sie durchgemacht hatten. Ich dagegen war ein fröhliches kleines Mädchen, und die einzigen schlechten Dinge, die mir einfielen, waren dumme Kleinigkeiten, zum Beispiel, dass ich mal meinen Bleistift verloren hatte oder nicht gleich gekommen war, als ich gerufen wurde. Ich kam mir ziemlich blöd vor. Aber der Mann, der die Gemeinde leitete, flüsterte mir zu, das mache gar nichts. Jesus freue sich sehr darüber, dass ich allen zeigte, dass ich zu ihm gehören wollte. Er wüsste ja, dass ich noch nichts wirklich Schlimmes getan hatte, und ich solle mir keine Gedanken darüber machen. Danach hatte ich das Gefühl, es wäre alles in Ordnung. Und das war es auch.

Als ihr vorhin eure schönen Handabdrücke auf diesem Papierkreuz gemacht habt, da habt ihr damit Jesus gesagt, wie traurig ihr darüber seid, dass ihm so schlimm wehgetan wurde, und dass ihr ihm gerne dabei helfen wollt, die Menschen zu lieben. Habe ich recht? Möchtet ihr das?"

Ernsthaftes Nicken und zustimmendes Gemurmel.

„Wenn das so ist, bin ich sicher, dass er euch dafür Danke sagen möchte. Gut gemacht!"

Zwei Minuten später, während die Kinder den unsichtbaren Zaun durchbrachen und zu ihren Eltern stürmten, sagte Anne leise zu mir: „Gott sei Dank für die liebe Josey. Morgen werde ich mich diesen beiden anschließen, ob sie mich haben wollen oder nicht, und beim Kinderprogramm mitmachen."

Zu erleichtert, um Einwände zu erheben. Hätte ja auch sowieso nichts genützt.

Gerade noch Zeit, um ein paar Minuten allein in meinem Zimmer zu sitzen, nachdem ich von meiner Unterhaltung mit Josey in der kleinen Kapelle hinter dem Haus zurückkam. Wie weiß die weiße Wand in meinem Zimmer war. Wie unglaublich weiß. Nur ein Gegenstand hing daran. Ein winziges, weißes Kreuz. Zu klein und zu weiß, um viel an dem ganzen übrigen Weiß zu ändern. Aber es war da. Eindeutig da. Etwas, woran man den Blick heften konnte, wenn man wirklich genau hinschaute. Ich war ein bisschen hypnotisiert davon.

Ich bin der Einzige, dem sie es gesagt hat. Ich muss der Starke sein, bis wir zurückkommen, und dann wird sie es den anderen sagen. „Wie macht man das?", fragte ich das weiße Kreuz. „Wie macht man das, wenn man überhaupt keine Kraft in sich hat? Gibt es da irgendeine Tablette, die man nehmen kann? Einen Trunk? Irgendein großes, besonders ausgetüfteltes Gebet?"

„Meine Seele ist betrübt bis an den Tod."

Wir machen das zusammen. Kein Gehenlassen. Keine Spielchen. Keine Adrian-Marotten. Es wird nichts verschüttet.

Stramme Haltung und stark sein. Zieh deine Nikes an und mach dich auf. Geh den Jesus-Weg. Mach es einfach. Okay."

Es stimmt etwas nicht mit meiner köstlichen Perle. Vielleicht stirbt sie. Vielleicht auch nicht. Vielleicht werden wir nicht mehr darüber reden, bis wir alle wieder zu Hause sind. Ob ich zulassen wolle, dass sie sich still an mich anlehnt? Das war es, was sie wissen wollte.

Richard hatte während des Abends das Evangelium nach Winston zitiert. Den roh behauenen Aphorismus, wie Alan Varney ihn nannte. „Es reicht nicht, unser Bestes zu tun. Manchmal müssen wir tun, was erforderlich ist." Bin ich schwach? Ja, das bin ich. Kann ich das schaffen? Weiß Gott, das kann ich nicht. Bin ich bereit? Ja, das bin ich. Werde ich es tun? Ja, das werde ich.

Musste wieder hinunter zu den anderen. Leute hingen von mir ab. Musste weitermachen.

Eine Stimme schien zu flüstern: „Das kenne ich."

Janice, die Frau von der Anmeldung, sprach mich unten an der Treppe an, kurz bevor die heiße Schokolade serviert wurde.

„Tut mir wirklich leid wegen der Verwechslung vorhin, Mr. Plass", sagte sie. „Sandra und ich gewöhnen uns gerade erst an das neue Buchungsprogramm. Es heißt Chamber Master. Offenbar war die Programmiererin ein bisschen feministisch angehaucht und nannte es ursprünglich Chamber Mistress, aber Alan Varney fand, das passe nicht so recht zu einer christlichen Tagungsstätte und änderte den Namen. Jedenfalls ist es ziemlich kompliziert, wenn man noch nicht richtig vertraut damit ist, und ich fürchte …" Sie senkte den Kopf. „Sie werden das jetzt nicht glauben. Am liebsten würde ich es Ihnen gar nicht sagen, aber – wir lagen mit unserem Belegungsplan volle vierzehn Tage daneben. Ich weiß, das muss Ihnen unmöglich vorkommen, und wir schämen uns auch sehr deswegen, aber so war es einfach. Also, die Bryologen ..."

„Die Moosmenschen? Die hören sich an wie aus einem dieser billigen Horrorfilme." Sie kicherte.

„Ja, genau, die Moosmenschen. Die sind dieses Wochenende gar nicht hier. Unten im Nebenhaus im Dorf ist eine Schizophrenen-Selbsthilfegruppe, und im Haupthaus ist noch eine weitere kleine Gemeindefreizeit, aber das ist alles. Ihre beiden Gruppen belegen die meisten Betten. Es tut mir wirklich sehr leid. Mr. Dekkle wird mir nie verzeihen, fürchte ich. Immer, wenn er mich sieht, starrt er mich an und knirscht mit den Zähnen."

„Keine Sorge. Kann nicht schaden, wenn er schon mal etwas übt, solange er noch kann. Tut mir leid, das hätte ich jetzt wirklich nicht sagen sollen. Aber wenn man bedenkt, dass er für Frische Ausdrucksformen im Gottesdienst zuständig ist, könnte er wirklich mal ein anderes Gesicht machen. Ich werde mal meinen Sohn mit ihm reden lassen. Ihnen brummt bestimmt der Schädel davon, das alles auseinanderzuklamüsern. Danke, dass Sie sich so viel Mühe machen. Übrigens, was ist das denn für eine andere Gruppe?"

„Oh, die sind aus Swansea, ganz in der Nähe, wo unser Hausleiter früher gewohnt hat. Ihre Gemeinde nennt sich Unitarische Kirche."

„Wissen Sie, was die glauben?"

„Nicht genau, aber Alan Varney sagte, das sei das einzige Mal, dass er je einer Meinung gewesen sei mit – warten Sie mal, wie hat er ihn genannt? –, diesem fetten kleinen versoffenen Schürzenjäger von einem Wörter zusammenflickenden Schwindler', glaube ich."

„Hm, damit dürfte Dylan Thomas gemeint sein. Ich glaube, der ist in Swansea aufgewachsen. Und was hat Alans Lieblingsdichter über die Unitarier gesagt?"

„Er sagte, dass die Unitarier an einen einzigen Gott glauben – bestenfalls."

„Danke, Janice. Ich muss mich bei denen erkundigen, ob er recht hat."

„Ja, sie scheinen sehr nett zu sein, woran auch immer sie glauben."

Sie wandte sich lächelnd zum Gehen.

„Zu Alan werde ich das aber nicht sagen."

Nein, dachte ich im Stillen, während Janice den Korridor entlangging und hinter den Treppen verschwand, sagen Sie das lieber nicht zu Alan. Meine Sorge ist, dass er überhaupt nicht sehr nett ist, woran auch immer er glaubt.

Ärgerlich, wenn man Leuten Verantwortung gibt und dann feststellen muss, dass sie davon Gebrauch gemacht haben.

Ich hatte Richard vor Monaten gebeten, das Unterhaltungsprogramm für den Samstagabend zu organisieren. Bei der heißen Schokolade eröffnete er mir, er habe Cameron erlaubt, im Rahmen des Programms ein Quiz durchzuführen. Sehr beunruhigend. Gerald war mit sechzehn schlimm genug, aber Cameron ist Gerald hoch drei. Fand Cameron ganz allein beim Poolspiel im oberen Aufenthaltsraum und sagte so beiläufig wie möglich: „Das ist ja toll, ich habe gehört, dass du morgen Abend das Quiz machst, Cam. Aber du wirst doch die Fragen mit Fingerspitzengefühl aussuchen, nicht wahr, mein Lieber?"

Cameron lächelte. Plötzlich sank mir das Herz, als mir einfiel, wie mir einmal, als ich jung war, ein Freund anbot, mich auf seinem schweren Motorrad mitzunehmen. Als ich aufstieg, sagte ich: „Fahr nicht zu schnell, ja? Ich bin ein bisschen nervös." Mein Freund drehte sich um und sah mich mit einem beängstigenden, wölfischen Grinsen an. Während der nächsten fünfzehn Minuten starb ich auf diesem Motorrad vor Angst tausend Tode. Nein, eigentlich, wenn ich es recht bedenke, dann bin ich eigentlich fast tatsächlich physisch gestorben.

Mit genauso einem wölfischen, V-förmigen Grinsen lächelte mich jetzt Cameron an.

Er sagte: „Oh ja, nur keine Angst, Opa, ich achte schon darauf, dass alles etwas mit der Gemeinde und mit Gott und so zu tun hat. Keine Sorge."

Warum beruhigte mich das nicht?

Fragte heute Abend Anne, was sie davon hält, dass Cameron das Quiz macht.

Sie gähnte und sagte: „Ach, das wird schon. Du machst dir zu viele Sorgen. So schlimm ist der Junge doch gar nicht."

Widersprach nicht, aber ich bin anderer Meinung. Der Junge *ist* so schlimm. Ich fand immer, dass Geralds Humor ein bisschen gestutzt werden musste. Camerons Humor muss nicht nur gestutzt werden. Er muss mit den Wurzeln ausgegraben und aufs Feuer geworfen werden. Macht mir ganz schön Kopfschmerzen, das alles. Hoffentlich geht es gut.

Überdies fragte mich Richard, ob ich den Programmpunkt für Witzeerzähler in der Mitte des Abends übernehmen könne. Sagte zu. Wünschte, ich hätte Nein gesagt. Aber na ja, so schwierig kann das ja wohl nicht sein, oder?

Kam heute Abend spät noch herunter, um in der Küche einen Keks aufzustöbern. Traf einen großen, dünnen, ziemlich steif aussehenden Jungen von etwa zwanzig an, der an der Durchreiche stand und Butterbrote schmierte. Kam mit ihm ins Gespräch und fragte ihn, was er vom Hausleiter hält.

„Er ist fantastisch", sagte er und nickte heftig wie eine heftig nickende Schaufensterpuppe. „Solange man hart arbeitet und sich an die Regeln hält. Er ist wirklich großartig. Für mich ist er wie ein zweiter Vater – das heißt, eher wie ein erster Vater. Bei Alan weiß man immer genau, woran man ist. Ein Supertyp."

„Gut, das hört sich ja toll an …"

So ist das also.

Schade eigentlich. Ich habe meine Schurken lieber unverwässert.

Als ich gerade wieder ins Bett steigen wollte, fiel mir ein, dass ich mich dafür eingetragen hatte, den Workshop über Frische Ausdrucksformen morgen Nachmittag zu leiten. Hatte ich total vergessen. Ich weiß überhaupt nichts über Frische Ausdrucksformen. Trotz meiner schnodderigen Bemerkung gegenüber Janice weiß ich noch nicht einmal genau, was das eigentlich ist. Hat irgendwie etwas mit neuen Gottesdienstformen zu tun, oder? Keine Ahnung, wie oft ich schon weise und zustimmend genickt habe, wenn jemand anderes das Gespräch darauf brachte. Verbrachte fünfzehn Minuten damit, fieberhaft herumzuboogeln.

Lag noch ewig wach, als das Licht aus war. In der Dunkelheit lenkte mich nichts mehr ab. Versuchte zu beten, aber Beten änderte nichts an der Aufgabe, die ich zu erfüllen hatte. Alles in mir schrie danach, Anne von Josey zu erzählen. Aber das durfte ich nicht, also ging es nicht. Tat es auch nicht.

5 SAMSTAGVORMITTAG

Um sechs Uhr heute früh weckte mich mein Telefon. Das erste Mal, dass es überhaupt Empfang hat, seit wir hier sind. Leonard rief an, von – na ja, von irgendwo auf den Britischen Inseln (vermute ich). Hörte sich ziemlich weit entfernt an.

Ich sagte: „Leonard, warum rufst du mich in aller Frühe an? Kommt ihr dem Ziel näher?"

„Nein, eigentlich nicht. Wir sind früh aufgestanden, um einen guten Start zu bekommen, sobald die Fähre kam, aber ich brauche ..."

„Die *Fähre*? Was macht ihr denn auf einer Fähre? Eine *Fähre*! Welche Fähre?"

„Von irgendwo nach irgendwo anders, glaube ich. Ich weiß nicht genau. Ich wollte mir einen Rat holen."

„Ja?"

„Na ja, wir haben schließlich doch noch die Hauptstraße gefunden, aber wir hätte beinahe mehrere Unfälle gehabt. Das Navi sagt dauernd: ‚Wenn möglich, bitte wenden‘, aber das ist ganz schön gefährlich, wenn man am Fahren ist, weil man dann ja nicht mehr sieht, was auf der Straße vor einem passiert. Meinst du, es ginge auch, dass Angels sich umwendet, wenn Katy das sagt, oder muss es unbedingt der Fahrer sein?"

Glaube, mich zu erinnern, irgendwo gelesen zu haben, dass extreme Querdenker die negativen Auswirkungen ihrer seltsamen Blickwinkel dadurch ausgleichen, dass sie in anderen Bereichen ihres Lebens besonders kreative Fähigkeiten zeigen.

Damit dürfte Thynn ungefähr auf einer Stufe mit Leonardo da Vinci stehen. Allerdings ist von seinem kreativen Genie bisher nichts Konkretes zu spüren. Erklärte ihm, das Navi meine damit, dass sie in die falsche Richtung fahren und das Auto in die andere Richtung wenden müssen, sobald das gefahrlos möglich ist.

„Aber doch wohl nicht auf der Autobahn, oder?"

„Oh mein Gott, *nein*! Nein, natürlich nicht, Leonard!"

Höre alle beide schallend lachen.

„Ich mache nur Witze, Adrian! Reingefallen, was? Wir sind ja nicht blöd, weißt du!"

Oh, wie gut – bin ich froh, dass sie nicht blöd sind ...

Als Anne heute Morgen aus der Dusche kam, fragte sie mich, ob ich eine ordentliche Mütze Schlaf bekommen hätte.

Ich plusterte mich auf. „Och ja, weißt du, ich habe mir ein bisschen Gedanken gemacht wegen dieses Workshops über Frische Ausdrucksformen. Deshalb habe ich erst einmal eine Weile geboogelt. Danach ging es mir schon viel besser."

„Verstehe. Und darf ich fragen, was das bedeutet, oder möchtest du es lieber für dich behalten, bis du Gelegenheit hast, mit deinen Männerfreunden darüber zu reden?"

„Boogeln", erklärte ich mit angemessener Würde, „ist ein Wort, das *dein* Sohn Gerald erfunden hat. Es ist eine Mischung aus Beten und Googeln. Sehr nützlich, wenn man sich irgendwo überfragt fühlt."

„Ach so, verstehe. Dann weißt du jetzt also alles über Frische Ausdrucksformen, ja, Schatz?"

„Nein, aber ich weiß genug, um mich so anzuhören wie einer, der wahrscheinlich viel mehr darüber weiß, aber beschlossen hat, nicht mit seinen Kenntnissen anzugeben, sondern andere etwas beitragen zu lassen."

„Meine Güte", sagte Anne, während sie sich die Haare trocken rubbelte, „du machst dir das Leben manchmal wirklich schwer, was? Übrigens, wer war denn da mitten in der Nacht am Telefon?"

„Ach ja, das war Leonard. Die beiden haben sich völlig verfranst. Waren gerade dabei, auf eine Fähre zu fahren. Kannst du das glauben?"

„Ja", sagte Anne traurig, „ich fürchte, das kann ich …"

Für heute Mittag haben wir unsere Schweigemahlzeit geplant. Trotz allem freue ich mich sehr darauf zu sehen, ob Mountainberger recht hat mit der Liebe, der Gnade, der geistlichen Harmonie und alledem.

Kam heute Morgen auf dem Weg nach unten mit einem jungen weiblichen Mitglied der Gemeinschaft namens Beth ins Gespräch, die lustlos mit einem Staubtuch an den Geländern herumwischte. Fragte sie, wieso sie so ein trauriges Gesicht machte.

„Der Hausleiter hat mich heute Morgen ausgeschimpft, weil ich zu spät zum Teamgebet gekommen bin."

Ihre Augen füllten sich mit Tränen.

„Er hat mich vor allen anderen richtig heruntergeputzt. Es war grauenhaft."

„Warum sind Sie denn zu spät gekommen?"

„Meine Mutter rief an, um mir zu sagen, dass meine Schwester letzte Nacht ins Krankenhaus gekommen ist, weil sie wieder einmal einen richtig schlimmen Anfall hatte. Sie weinte am Telefon. Da konnte ich doch nicht einfach auflegen, oder?"

„Warum haben Sie denn dem Hausleiter nichts von Ihrer Schwester gesagt?"

„Wollte ich ja. Ich bin nach vorn gegangen, um es ihm zuzuflüstern, aber er schrie mich an, ich solle mich hinsetzen und darüber nachdenken, dass ich den ganzen Betrieb aufgehalten hätte. Ich glaube, er kann mich nicht besonders leiden." Sie schniefte unglücklich. „Ich will nach Hause."

„Und fahren Sie nach Hause?"

Beth lächelte unter Tränen.

„Nein, ich komme schon klar. Heute Nachmittag habe ich frei. Ich borge mir einen von den Hunden aus und mache mit meiner Musik einen Spaziergang. Danke, dass Sie so nett zu mir sind."

Lief draußen auf dem Hof vor der Moon Lounge der geduldigen Sally über den Weg, die auf ihren ganzen Sachen saß und Kaffee trank. Fragte sie, wo sie letzte Nacht unterkommen sei.

Sie sagte: „Ich landete am Ende in einer Koje in so einer Art Nebengebäude unten im Dorf, wo noch ein Haufen anderer Leute übernachteten. War aber okay. Sie waren sehr nett, wissen Sie, wenn auch ein bisschen merkwürdig. Alle naslang fragte mich einer von denen, was für Medikamente ich nehme. Keine Ahnung, wieso. Na ja, meine Oberkoje war ein bisschen kurz, sodass meine Füße hinten hinaushingen. Also bin ich mit Socken ins Bett gegangen, weil es ziemlich kalt war. Als ich dann am nächsten Morgen aufwachte, waren die anderen alle weg, und eine meiner Socken fehlte."

Einen Moment lang starrte sie traurig in die Ferne.

„Wissen Sie, ich habe ziemlich viel Zeit damit verbracht, nach dieser Socke zu suchen. Dann merkte ich, dass offenbar jemand mir eine Socke ausgezogen und über die andere gestreift hatte. Komisch. Soll wohl so was wie ein Witz gewesen sein. Macht mir ja nichts aus, aber …"

Saß beim Frühstück Dennis gegenüber. Sagte beiläufig, während ich mir eine Scheibe Toast schmierte: „Ach, eine

Kleinigkeit, Dennis, mein Lieber, ich überlege gerade, ob es sich wirklich lohnt, dass wir versuchen, die Plenarrunde noch hineinzuzwängen, bevor alle wieder nach Hause fahren, da wir ja sowieso schon ein so volles Programm haben. Was meinst du?"

Er schickte mit einer Handbewegung einen Schwarm honigfarbener Tänzerinnen weg und sagte mit ungewohnter Begeisterung und Energie: „Also, Adrian, wenn du mich fragst, würde ich sagen, das ist ein entscheidender Punkt. Ein absolut entscheidender Punkt. Nach meiner Erfahrung gebraucht der Heilige Geist diese Plenarrunden wirklich intensiv. Dadurch können Menschenleben verändert werden. Lass uns das machen!"

Ich stieß schwächlich mit der Faust in die Luft und sagte: „Genau! Richtig! Ja! Verändert. Genau das wollen wir! Wir – wir machen das …"

Manchmal kann es sehr gefährlich sein, keinen Sinn für Humor zu haben – für denjenigen, der unter diesem Defizit leidet, meine ich. Wäre ich am Ende des Frühstücks heute Morgen an der Stelle Alan Varneys gewesen, so hätte ich nie die Liste der bevorstehenden Veranstaltungen vorgelesen, die irgendeine wagemutige Person zum offiziellen Programm an das Schwarze Brett gehängt hatte. Als er mit dem anstößigen Dokument in der einen und dem Mikrofon in der anderen Hand zu sprechen begann, hörte er sich an wie ein Ortspfarrer, der ein schweres Grubenunglück zu verkünden hat.

„Es tut mir sehr leid, Ihnen dies mitteilen zu müssen, aber irgendeine unbekannte Person oder irgendwelche unbekannten Personen haben es sich einfallen lassen, am offiziellen Informationsaushang ein Blatt zu befestigen, auf dem von Veranstaltungen in unserem Programm die Rede ist, die in Wirklichkeit überhaupt nicht geplant sind. Ich habe das besagte Dokument entfernt, aber um etwaiger Verwirrung zu begegnen, möchte ich unsere Gäste darauf hinweisen, dass die folgenden Veranstaltungen keine faktische Basis haben. Sie werden nicht stattfinden. Es gibt sie nicht. Der oder die Betreffenden mögen diese anonyme Unbedachtheit in scherzhafter Absicht begangen haben, aber ich bin ganz sicher, dass unsere Gäste das *nicht* lustig finden."

Als Varney das Blatt in seiner Hand ausschüttelte, um es gerade zu richten, tat er mir fast leid.

„Die fraglichen Veranstaltungen sind die folgenden", fuhr er fort.

Armer alter Alan. Wie sehr irrte er sich doch in der Annahme, die Gäste würden die „anonyme Unbedachtheit" nicht witzig finden. Die Leute bogen sich vor Lachen, ehe er mit der dritten Veranstaltung durch war. Als er das endlich merkte, hörte er auf zu lesen und verkündete grimmig, die Liste der echten Veranstaltungen sei im gedruckten Programm einsehbar, worauf viele der Anwesenden mit hörbarer Enttäuschung reagierten. Hier und da mussten einige sich die Tränen aus den Augen wischen. Auf einem Weg, den ich selbst in der Vertraulichkeit dieses Tagebuchs nicht preiszugeben bereit bin, ist es mir gelungen, eine Kopie dieser interessanten Liste im vollständigen Wortlaut an mich zu bringen. Sie lautet folgendermaßen:

Geführte Einkehr

Frauen am Steuer – kommen Sie und verbessern Sie mithilfe von Experten Ihre räumliche Wahrnehmung. Doppelparkplätze stehen für alle Gäste zur Verfügung.

Positiv ehebrecherisch

Warum sehen kirchliche Leute den Ehebruch immer in einem so trüben und negativen Licht? Diese Woche beschäftigen wir uns mit der heiteren Seite von Untreue, Herzeleid und Verrat. Bringen Sie Ihre lustigsten Geschichten mit und lassen Sie uns zusammen herzlich lachen! (Alan Varney wird nicht zugegen sein.)

Erneuern, erfrischen, wiederherstellen

Eine großartige Gelegenheit für unsere Gäste, sich in drei Tagen erneuern, erfrischen und wiederherstellen zu lassen. Nach Rückmeldungen zur letzten Veranstaltung dieser Art bieten wir diesmal zusätzliche Optionen an. Diejenigen, die bereits erfrischt und wiederhergestellt sind, können sich nun am ersten Kurstag erneuern lassen, während diejenigen, die erneuert und wiederhergestellt sind, aber der Erfrischung bedürfen, am zweiten Tag teilnehmen können. Diejenigen, die ihre Erfrischung und Wiederherstellung erneuern wollen, sollten sich zum zweiten und dritten Tag der Veranstaltung anmelden, und alle, denen daran gelegen ist, die Wiederherstellung ihrer Erfrischung oder die Erfrischung ihrer Wiederherstellung zu erneuern, sollten ihren Namen für die zweite Hälfte der ersten Einheit des Erneuerungstages bzw. für die erste Hälfte der zweiten Einheit des Wiederherstellungstages eintragen. Bitte geben Sie Ihre Wünsche auf den ausliegenden Formularen eindeutig an. Bitte beachten Sie, dass Alan Varney aufgrund von Stress leider nicht mehr zur Verfügung steht, um den Kurs zu leiten.

Als Leiter Wärme und Ermutigung ausstrahlen

Alan Varney steht seit zwanzig Jahren in leitender Verantwortung. Seine Fähigkeiten und Einsichten zur Pflege von Beziehungen gibt er in diesem Kurzlehrgang weiter (Kursdauer: fast fünf Minuten). Um pünktliches Erscheinen wird gebeten, da Alans Geduldsfaden leicht reißt.

Ein sehr hilfreiches Wochenende

Gehören Sie zur Mittelschicht, sind Sie gesetzt und eingefahren und mögen Sie keine Veränderungen in Ihrem christlichen Lebensstil? Wenn ja, könnte dies genau die richtige Veranstaltung für Sie sein. Im Lauf dieses Wochenendes werden wir uns mit ebenso einfachen wie angenehmen Möglichkeiten beschäftigen, wie wir unser Leben sicher und ohne Schuldgefühle in bequeme Kompromisse betten können. Einige der Themen:

WIE VIEL SOLLTEN WIR GEBEN? – Auf der Suche nach einer vertretbaren Balance

EVANGELISATION IN SCHWIERIGEM UMFELD – Wie man den Tempel des heiligen Geistes sicher schützt

MARTYRIUM – Wem nützt es *wirklich?*

VERGEBUNG – Grenzen ziehen, die zu uns passen

ENGAGEMENT IN DER GEMEINDE – Geheimrezept für Vernachlässigung?

DAS SÜHNEOPFER – Eine spezielle jüdische Sicht der Kreuzigung und Auferstehung?

Frühere Teilnehmer bezeichneten diesen Kurs als „sehr hilfreich", und viele nahmen mehrfach daran teil. Buchen Sie rechtzeitig, um Ermutigung zu vermeiden.

Zuwendung zu Randgruppen

Hier in Scarleeswanvale wenden wir uns gerne mindestens eine Woche im Jahr Randgruppen oder Minderheiten in der Kirche zu. Dieses Jahr freuen wir uns besonders, Vertreter der CGFNS bei uns zu begrüßen, der Christlichen Gemeinschaft der Freunde nudistischer Stickereikunst. Schon zum zweiten Mal haben wir CGFNS-Mitglieder bei uns zu Gast, und wir werden ihnen ein ähnliches Programm bieten wie beim ersten Mal, nur dass diesmal den Gästen keine Kekse in öffentlichen Räumen innerhalb des Gebäudes serviert werden.

Ging wenig später ins Anmeldebüro, um die Schokolade zu bezahlen, die ich mir an dem kleinen Kiosk im Foyer geholt hatte. Alan Varney saß allein an seinem Schreibtisch. Als ich einen Fünfer in die Geldschachtel legte und mein Wechselgeld abzählte, sagte ich beiläufig: „Sie haben sicher keinen leichten Job, Alan. All diese unterschiedlichen Persönlichkeiten, die versuchen, als Gemeinschaft miteinander auszukommen."

Er antwortete, ohne sich die Mühe zu machen, zu mir aufzublicken.

„Versuchen? Das hat nichts mit *versuchen* zu tun. Sie geben Gott gewisse Versprechen, wenn sie herkommen, und meine Aufgabe ist es, dafür zu sorgen, dass sie sie einhalten."

„Und was ist, wenn sie unglücklich sind und es ihnen schwerfällt, ihre Versprechen zu halten?"

„Wir haben Dreier-Gebetsgruppen eingeteilt, die sich mit persönlichen Problemen befassen, und zwei Kaplane, eine Hauptamtliche und einen Laien, die immer verfügbar sind. Und nun, wenn es Ihnen nichts ausmacht, ich bin sehr beschäftigt."

Drückte mich noch einen Moment herum und überlegte, ob ich noch etwas sagen sollte.

„Es ist nur so, Alan. Manche Mitglieder der Gemeinschaft finden Sie großartig. Aber, wenn ich das sagen darf, der eine oder andere, von denen, mit denen ich mich unterhalten habe, war sehr verunsichert und ziemlich bedrückt. Wussten Sie das? Sie fühlen sich abgelehnt. So, als ob sie in Ihren Augen versagt hätten – und in Gottes Augen. Eine sagte mir, Sie hätten sie vor allen anderen angeschnauzt und zum Weinen gebracht, als sie zu irgendeinem Treffen zu spät kam, und Sie hätten sich geweigert zuzuhören, als sie versuchte, Ihnen zu erklären, was der Grund war."

Varney legte seinen Stift auf den Schreibtisch und schaltete auf seinen SCHAU-IN-DIESEN-SPIEGEL-Modus um.

„Zwei Dinge, Mr. Plass. Erstens höre ich niemals auf Klatsch und …"

„Ich glaube nicht, dass man das so …"

„Und das sollten Sie, wenn ich das sagen darf, auch nicht tun. Zweitens bin ich von Gott und vom Scarleeswanvale-Kongress dazu berufen worden, diese Organisation wieder in Form und in Ordnung zu bringen. Das ist meine Verpflichtung, und genau das werde ich tun. Ihnen einen guten Morgen."

Ich raffte meine Papiere zusammen und wandte mich zur Tür. Am liebsten hätte ich gesagt: „Alan, hat Ihnen schon mal jemand gesagt, dass Sie einen außerordentlich spitzen Kopf haben?" Aber das verkniff ich mir. Stattdessen sagte ich, gerade laut genug, dass er es hören konnte: „Alan, Sie machen mich sehr traurig", und verließ leise das Büro.

Beschloss, vor dem ersten Programmpunkt des Vormittags noch ein paar Minuten nach draußen zu gehen. Stand an eine der massiven Steinsäulen gelehnt, die das Vordach tragen, als Minnie Stamp wie ein bewegliches Gänseblümchen mit einer lila Strickjacke über dem Arm von ihrem Auto über den Kies getrippelt kam. Mir rutschte das Herz in die Hose. Beschloss, diesmal auf keinen Fall auch nur eine Silbe von mir zu geben, die im Entferntesten auf so etwas wie ein persönliches Problem schließen lassen könnte. Kam ja nur auf die richtige Wortwahl an, oder? Sie blieb vor mir stehen, stellte ihre Füße in einer Linie in die erste Ballettposition, kräuselte ihre Augenwinkel und neigte ihren Kopf im optimalen Seelsorgewinkel. Spürte, wie sich meine Zehen in die Schuhsohlen bohrten.

„Adrian! Flattern dir schon die Nerven ganz doll, weil du gleich ganz allein zu diesem Vortragsdings hineingehen musst? Das macht dir Angst, was?"

Nur die Nerven behalten. Beiläufig, aber fest.

„Nein, Minnie, das macht mir gar keine Angst. Im Gegenteil, ich freue mich schon sehr auf Stanley Blorgans Vortrag. Ich wollte nur noch einmal kurz vor die Tür gehen. Ich – brauche nur ein bisschen Luft."

„Oh, hast du Probleme mit der Atmung, Adrian?"

War so verärgert, dass ich tief Luft holte, und dann – verdammt – musste ich husten, als ich wieder ausatmete.

„Nein, Minnie", erwiderte ich, nachdem ich mich geräuspert hatte. „Ich habe kein Problem mit der Atmung. Mir geht es prima. Ich war nur ein wenig ..."

„Warst du in letzter Zeit mal beim Arzt, Adrian?"

„Nein, dazu gibt es ja gar keinen ..."

„Adrian, du bist ein Mann, nicht wahr?"

Starrte sie an.

„Ja, Minnie, ich bin ein Mann. Was hat das damit zu tun?"

„Männer haben ja immer *solche* Angst davor, zum Arzt zu gehen. Adrian, da musst du einfach ein tapferer kleiner Zinnsoldat sein."

Sie fixierte mich mit einem ihrer gruseligen wissenden Blicke.

„Du musst da nicht gleich deine Unterbuxen ausziehen, weißt du. Bei Atemwegserkrankungen brauchst du das nicht. Ist es das, was dir Angst macht, Adrian, dass du deine Unterbuxen ausziehen musst?"

Reicht's jetzt bald?

„Minnie, ich habe keine Angst vor …"

„Niemand muss sich deine ganz persönliche Schmuckschatulle anschauen, Adrian, nicht bei einer Atemwegserkrankung. Aber Atemwegserkrankungen können sehr ernst sein, Adrian. Geh unbedingt zum Arzt."

Gab wie üblich nach, nur um dieser qualvollen Unterhaltung ein Ende zu machen.

„Na schön, na schön! Ich gehe! Ich gehe zum Arzt. Danke schön. Ich gehe hin."

„Möchtest du dich auf mich stützen, wenn wir hineingehen, Adrian? Dann musst du nicht so schwer atmen."

„Nein, nein, geh du nur ruhig schon hinein, Minnie. Ich bleibe noch einen Moment hier und – und atme noch ein wenig von dieser schönen, frischen Luft."

„Na gut, Adrian. Denk immer daran, ich hab dich lieb." Sie hob in gespieltem Tadel den Zeigefinger. „Nicht auf die Romeo-und-Julia-Kindermachen-knutschibutschi-Art, sondern so, wie ein strahlender Engel einen ganz besonderen kleinen Sonnenstrahl liebt."

Blies mir einen Kuss zu (unter dem ich mich mental gerade noch wegducken konnte) und verschwand im Haus.

Kam mir vor, als hätte mir jemand mit einem Mixer das Hirn durchgequirlt. Ich glaube mich zu erinnern, dass Anwälte an französischen Gerichtshöfen des neunzehnten Jahrhunderts ihre Verteidigung auf einem *crime passionnel* aufbauen konnten, wenn schwere Verbrechen während eines plötzlichen, überwältigenden Wutanfalls verübt worden waren. Schade, dass es das nicht auch heutzutage in England gibt. Kein Geschworenengericht auf Erden würde mich nicht freisprechen, wenn ich angeklagt wäre, Minnie Stamp nach dem Gespräch, das ich gerade über mich ergehen lassen musste, ermordet zu haben. Klarer Fall von Notwehr.

Brachte es danach nicht über mich, zum Vortrag hineinzugehen. Wanderte hinab zu einem kleinen, überwachsenen Holzschuppen an einem kleinen See am anderen Ende des langen Grasabhanges. Zu meiner Überraschung war Josey dort und starrte aufs Wasser hinaus. Setzte mich neben sie. Sie zuckte ein wenig zusammen; dann klopfte sie mir lachend aufs Knie.

„Gehst du nicht hinein, Adrian? Du wirst Ärger kriegen. Schließlich sollst du doch die ganze Sache organisieren. Na, wenn du schon blaumachst, dann mach mit mir zusammen blau. Fände ich schön."

Erzählte ihr haarklein von meiner Begegnung mit Minnie. Sie schüttete sich aus vor Lachen. Am Ende tat ich das dann auch.

„Aber warum ich, Josey? Warum nur hat sie es immer auf mich abgesehen?"

„Schwer zu sagen. Vielleicht tust du ihr leid. Ich glaube, es liegt daran, dass du wie so ein armes kleines Heinzelmännchen aussiehst."

Wieder brach sie in schallendes Gelächter aus.

„Das hat Anne dir erzählt."

„Natürlich. Wir erzählen uns alles."

„Alles?"

Pause.

„Das meiste, ja."

„Na warte! Die kann was erleben."

Danach saßen wir mindestens zwei Minuten lang schweigend da. Dann legte Josey ihr Gesicht an meine Schulter und begann leise zu schluchzen.

Ich legte meinen Arm um sie, wartete und betete, dass, falls es irgendetwas gab, was ich sagen sollte, ich es wenigstens halbwegs richtig hinbekäme. Ein paar Taschentücher später sagte sie leise, mit schniefiger Stimme:

„Darf ich dir erklären, warum ich es den anderen noch nicht gesagt habe?"

„Wenn du möchtest."

„Es ist so – ich habe erst kurz vor unserer Abfahrt den Rückruf von der Praxis bekommen. Nur ein paar Stunden vorher. Die Ärztin wollte mich gleich am Montag früh sehen. Als ich sie fragte, ob es auch später in der Woche ginge, änderte sich ihr Tonfall. Hörte sich irgendwie dringlich und beharrlich an. Es müssten vielleicht Entscheidungen getroffen werden, sagte sie. Das gefiel mir gar nicht. Beängstigend. Ich hatte eine Freundin ..."

Ihre Stimme verlor sich.

„Ich versuche mir die ganze Zeit einzureden, dass es ja vielleicht halb so schlimm ist, aber ich weiß, es könnte sich auch herausstellen, dass es – dass es wirklich übel ist. Aber es ist nun mal so, dass ich es nicht sicher wusste – nicht sicher weiß. Deshalb habe ich mir vorgenommen, Gerald nichts zu sagen, bis wir wieder zu Hause sind. Er ist so – so voller Hoffnung und Begeisterung, was alles durch dieses Wochenende in unserer Gemeinde in Gang kommen könnte. Er hat sich so *abgerackert*, Adrian. Und es ist ihm so wichtig. Und deshalb ..."

„Ist das der einzige Grund?"

„Oh nein."

Sie richtete sich auf, lehnte sich mit dem Rücken an und starrte wieder über den Teich hinweg. Sie musste sich immer noch die Augen abtupfen.

„Es gibt Dinge, die kann man nie wieder zurücknehmen. Niemals. Nicht, wenn man sie einmal ausgesprochen hat. Wenn man einmal gesehen hat, wie den Leuten die Gesichtszüge entgleisen vor Schmerz, dann kann man die Uhr nicht zwei Sekunden oder zwei Minuten oder zwei Stunden zurückdrehen, oder wie lange es auch immer her ist. Man kann nicht sagen: ‚Gib mir dieses grauenhafte Ding zurück, das ich vorhin gesagt habe. Ich packe es ordentlich weg, und dann tun wir alle so, als hätten wir es nie gesehen oder gesagt oder gehört.‘ Das geht nicht. Es ist unmöglich, Adrian."

Plötzlich verlagerte sie ihr Gewicht, als ob ein scharfer Schmerz durch ihren Körper schösse.

„Ich glaube, ich habe einfach Angst vor dem Moment, wo ich diejenige sein muss, die ihnen Worte wie – wie Pistolenkugeln mitten ins Herz schießt. Eben noch ging es ihnen prima. Dann plötzlich sind sie am Boden zerstört. Grauenhaft. Überwältigend grauenhaft. Ich sehe schon ihre Gesichter vor mir. Und ich werde diejenige sein, die ihnen das antut."

„Warum hast du es mir dann erzählt?"

Josey drehte ihr Gesicht zu mir und sah mich voll an. Ihre Augen waren weit offen, so als wäre es ihr unendlich wichtig, mir genau deutlich zu machen, was sie meinte.

„Du bist mein Freund. Wenn ich es dir sage, ist das so, als würde ich es – mir selbst sagen."

Irgendein Olympiastadion oder so etwas. Wohl Tausende von Leuten auf den Rängen, aber keiner sagt ein Wort, nirgends auch nur die leiseste Regung. Ich stehe auf dem Podium und bekomme eine Goldmedaille dafür, dass ich Joseys Freund bin.

Habe nie trainiert, nie damit gerechnet, irgendeinen Preis zu gewinnen, mich nicht einmal zur Teilnahme an diesem Wettrennen angemeldet, falls es ein Wettrennen war. Die Goldmedaille! Wer hätte das gedacht? Und doch würde ich sie jederzeit klaglos wieder zurückgeben, wenn ich damit erreichen könnte, dass Josey mich überlebt.

„Wenn wir nach dem Wochenende wieder zu Hause sind, könntest du dann mit Anne am Montag zu uns kommen, damit ihr beide dabei seid, wenn ich es den anderen sage? Bis dahin weiß ich Bescheid."

Ich schüttelte den Kopf.

„Tut mir leid, Josey, aber irgendwo gibt es Grenzen, weißt du."

Sie setzte sich auf und fing an, rhythmisch auf meine Schulter einzuboxen.

„Man sollte dich und Gerald zusammen auf einer kleinen einsamen Insel aussetzen. Da könntet ihr zumindest sicher sein, wenigstens einen Menschen zu haben, der denselben Sinn für Humor hat."

Nach dem letzten Boxhieb ließ sie ihre kleine Faust einen Moment lang auf meiner Schulter liegen.

„Danke, Adrian."

„Gern geschehen, Josey."

Danach blieben wir noch eine ganze Weile schweigend dort sitzen. Es war vollkommen windstill, und so weit ich sehen konnte, rührte nichts die Oberfläche des Teiches auf. Ein wahrhaft friedlicher Moment.

Sehr verstörender Moment während der Kaffeepause. Anne kam lächelnd zu mir und flüsterte mir ins Ohr.

„Adrian, ich habe von der schweren Erkrankung gehört."

Spürte, wie mir das Blut aus dem Gesicht sackte. Wieso lächelte sie? Wie konnte Anne über so etwas Schreckliches und Beängstigendes nur lächeln?

„Sie hat es dir erzählt?"

„Ja, ziemlich ausführlich. Ich dachte, die werde ich nie wieder los. Machte mich wahnsinnig. Am Ende sagte ich ihr, ich müsste aufs Klo. Aber sie kam mit und redete von der Nachbarkabine aus weiter auf mich ein. Sie ist nicht zu stoppen."

Der Nebel begann sich zu lichten.

„Ach, du meinst …"

„Wie es scheint, hast du eine schwere Atemwegserkrankung, vermutlich eine virale Lungenentzündung, aber du willst dich nicht behandeln lassen, weil du Angst davor hast, vor dem Arzt deine Unterbuxen auszuziehen. So was höre ich zum ersten Mal von dir."

„Und zum letzten. Ich musste mich zum Schluss auf Minnies Unsinn einlassen, sonst hätte sie nie mit dem Geschwafel aufgehört. Sag mal, Anne. Liebst du mich auf die Romeo-und-Julia-Kindermachen-knutschibutschi-Art oder so, wie ein strahlender Engel einen ganz besonderen kleinen Sonnenstrahl liebt?"

Anne lachte laut auf.

„Hmm, mal überlegen. Niemals gab es ein herberes Los als das Julias und ihres Romeos. Darauf habe ich keine Lust. Mit dem Kindermachen ist auch Schluss, soweit es mich betrifft jedenfalls. Mit deiner zweiten Frau vielleicht. Das mit dem Engel und dem Sonnenstrahl betrifft vermutlich Minnie und dich. Ich glaube, ich entscheide mich für die Knutschibutschi-Variante, mein Schatz. Hattest du an etwas Bestimmtes gedacht?"

„Nein – ich meine, ja! Ja, die Variante ist mir auch auf jeden Fall die liebste. Und ich denke immer an etwas Bestimmtes …"

Fragte Gerald in der Kaffeepause, wie ihm der erste Programmpunkt gefallen habe.

Er seufzte und sagte: „Hmm, es endete erheblich besser, als es anfing. Zumindest fand ich es besser. Übrigens, was war denn mit dir los? Hast du dich verlaufen?"

„Ich? Ach nein, mir wurde nur alles ein bisschen zu viel. Da bin ich gegangen und – und habe mit Josey blaugemacht. War schön, ein bisschen Zeit mit ihr zu verbringen."

„Ach, dann ist es ja gut. Das hat ihr bestimmt Spaß gemacht. Sie war noch nie sehr erpicht darauf, Leuten eine Stunde lang beim Schwafeln zuzuhören."

„Was wolltest du denn über den Vortrag sagen? Was hat am Anfang nicht gestimmt?"

Er seufzte.

„Ach na ja, du kennst doch diesen Ausspruch von Franz von Assisi, den neuerdings jeder zitiert. ‚Predige das Evangelium zu jeder Zeit, und wenn nötig, benutze PowerPoint.‘ Erinnerst du dich?"

„Äh, ja – so ähnlich."

„Nun ja, schade, dass dieser Hinweis bei Blorgan noch nicht angekommen ist. So etwas habe ich noch nie gesehen. Er hat keine Gelegenheit ausgelassen. ‚Guten Morgen allesamt!‘ Es erscheint ein großer krähender Hahn, gefolgt von einem Videoclip mit aufgehender Sonne, nur für den Fall, dass der obskure Begriff des Morgens für uns ein wenig unzugänglich sein sollte. Dreißig Sekunden später: ‚Ich hoffe, Sie haben alle Ihre Bibeln dabei.‘ Großaufnahme von – rate mal!"

„Einer Bibel?"

„Richtig, einer Bibel, vermutlich, um zu verhindern, dass einer von uns männlichen Wirrköpfen stattdessen aus Versehen ein Exemplar von *Lady Chatterley* aus der Männerhandtasche zieht. ‚Wir wollen uns mit der Geschichte von der Witwe von Nain beschäftigen, die Sie im siebten Kapitel des Lukasevangeliums in ihren klapperigen, alten, dampfbetriebenen und per Hand bedienbaren Bibeln finden.'"

„Das Letzte hat er nicht gesagt."

„Nein, hat er nicht. Er ist ein ziemlich guter Redner, aber mit dem Humor hat er es nicht so. Das habe ich mir gerade eben ausgedacht. Jedenfalls, an der Stelle war auf der Leinwand der Bär los. Bibelstelle, alternative Übersetzungen, Bilder von heutigen Witwen, Zeichnungen von damaligen Witwen, Landkarte mit der heutigen Lage von Nain, Landkarte mit der vermuteten damaligen Lage von Nain, Cartoon mit der Menschenmenge und dem toten Sohn und der Witwe und Jesus und den Jüngern und – den Rest habe ich vergessen. Die reinste Klickorgie! Der Mann hat einen Daumen wie eine Nähmaschine."

„Und dann wurde es besser?"

„Nein, dann wurde es noch schlimmer. Nach ein paar weiteren Bemerkungen sagte Blorgan, bevor wir weiter ins Thema einstiegen, sollten wir uns Zeit nehmen, unsere Schuld zu bekennen, damit wir alle weiße Blätter wären, auf denen der Heilige Geist schreiben könnte."

„Du meinst, er hat mit allen zusammen ein Bekenntnisgebet gesprochen?"

„Nein, nein, das wäre ja völlig in Ordnung gewesen. Nein, er sagte, wir sollten uns in Dreiergruppen aufteilen, in denen wir uns gegenseitig – jetzt pass auf – etwas *Schändliches* aus unserem Leben bekennen sollten."

„Ach du lieber Himmel! Dieses Wort hat er benutzt?"

„Ja, das hat er wörtlich gesagt. Etwas Schändliches."

„Und mit wem warst du zusammen?"

Über Geralds Gesicht ging ein schiefes Lächeln.

„Ooooh! Ich sah mich plötzlich der unbeschreiblichen Aussicht gegenüber, etwas Schändliches aus meinem Leben vor Alvin Dekkle und Mrs. Danby-Carstairs auszubreiten – das ist die schwergewichtige Dame mit dem grimmigen Gesicht aus unserer Gemeinde. Stell dir das vor! Die beiden verbringen die meiste Zeit damit, darüber zu reden, was alle anderen falsch machen. Sie saß mit finsterer Miene auf ihrem Stuhl wie ein Haufen kissenförmiger, in Wolle gehüllter Granitfelsen, und er lehnte sich nach hinten und ließ seinen schweren Schädel hin- und herpendeln wie ein Autofahrer, dem man an einem Kreisverkehr den Weg abgeschnitten hat, vermutlich, um seine abgrundtiefe Verzweiflung über diese ganze Prozedur kundzutun. Ich muss gestehen, Paps – in meinen weniger heiligen Momenten sehe ich alle beide als aussichtsreiche Kandidaten, um in den großen Mixer gesteckt zu werden. Wenn ich es recht bedenke, ist das wahrscheinlich die schändlichste Sache in meinem Leben. Jesus liebt jeden, aber wenn er wirklich Mensch war, als er auf der Erde lebte, dann muss es doch auch Leute gegeben haben, die ihm auf die Nerven gingen. Wie hat er nur der Versuchung widerstanden, ihnen einen Tritt in den Hintern zu geben – in Liebe? ‚Petrus, ich halte diesen Typen da drüben nicht mehr aus. Fass doch mal bitte mit an und hilf mir, ihn im nächsten Brunnen zu versenken, ja? Danke, Kumpel.‘“

„Grundgütiger, mir wird ganz schwindelig bei dem Gedanken, was für eine bittere Paste dabei herauskäme, wenn man die beiden zusammen in einen Mixer stecken würde. Aber Gerald, du hast doch wohl nicht etwa deine diesbezüglichen Gelüste bekannt, oder? Wenn doch, bist du ein erheblich wagemutigerer Mann als ich.“

„Lieber Himmel, nein. Wo denkst du hin? Das wäre ja die Wahrheit gewesen, und du weißt doch, was mit einer Gemeinde passiert, in der sich die Wahrheit einschleicht. Da bricht die Hölle los."

„Ich dachte immer, die Wahrheit macht uns frei."

Er tätschelte mir begütigend den Arm.

„Aber Paps, du wirst doch nicht alles glauben, was du liest, oder? Oder besser gesagt, du wirst doch nicht eine Sache ohne Bezug zu allen anderen Sachen glauben. Frag Pater John, der wird es dir sagen. Relativisten wie wir, die Jesus lieben, müssen dem Meister folgen. Schweben wie ein Schmetterling, stechen wie eine Biene, klug wie die Schlangen, ohne Falsch wie die Tauben und so weiter."

„Ich glaube, da hast du jetzt ein bisschen Muhammad Ali mit hineingemischt."

„Tatsächlich? Oh, ausgezeichnet."

„Also, was hast du denn nun bekannt?"

„Nun ja, was ich bekannt habe, entsprach zwar der Wahrheit, aber es war auch strategisch ausgewählt, wenn du weißt, was ich meine. Freilich ist die Strategie nicht ganz aufgegangen. Ich verschränkte meine Finger, ließ die Hände zwischen die Knie sinken und meinen Kopf hängen wie ein Heilsarmeebüßer auf dem Gnadenstuhl. Ich war ja *so* verwundbar. Ich sage dir, ich war so unglaublich demütig, dass ich beinahe meinen Stolz darauf hätte bekennen müssen. Dann sagte ich: ‚Veronica und Alvin, ich möchte vor Gott und vor Ihnen bekennen, dass ich mir manchmal nicht genug Mühe gegeben habe, die Ansichten von Leuten zu verstehen, die nicht genauso denken wie ich. Dafür möchte ich Gott und konkret auch Sie beide um Vergebung bitten, wenn Sie das Gefühl haben, dass ich Ihnen in dieser Hinsicht Unrecht getan habe. Bitte seien Sie barmherzig und vergeben Sie mir.‘

Dann blieb ich mit gesenktem Kopf dort sitzen und war entschlossen, keinen Muskel zu rühren, bis einer etwas sagte."

„Und was passierte dann?"

„Ach, wohl das Ärgerlichste, was ich mir hätte vorstellen können. Dekkle legte mir die Hand auf die Schulter, sog die Luft durch die geschürzten Lippen ein wie ein Mechaniker, der einen Fehler in einem Pannenauto entdeckt, und sagte: ‚Mein Bester', (mein Bester!), ‚es kommt vor allem aufs Zuhören an. Es kommt darauf an, richtig zuzuhören, was der andere sagt. Darauf kommt es an. Sie müssen zuhören lernen. Das ist es, was die Leute wirklich brauchen.' Von dem Moment an kam ich überhaupt nicht mehr zu Wort, weil er in seinem Vortrag über die Notwendigkeit des Zuhörens gar nicht mehr zu bremsen war. Hat mich schier wahnsinnig gemacht."

„Und hat einer von den beiden auch etwas Schändliches bekannt?"

„Als Alvin die Puste ausging und ich endlich die Chance hatte zu fragen, ob er auch irgendetwas getan habe, wofür er sich schäme, bekannte er, er mute sich zu viel zu, indem er zu beständig offen und verfügbar für die Nöte anderer sei. ‚Zu sehr wie Jesus.' Ich glaube, das waren seine exakten Worte."

„Und Mrs. Danby-Carstairs?"

„Oh ja. Nachdem sie eine Weile gründlich überlegt hatte, bekannte sie mit funkelnden Augen, sie hege gegen Alvin Dekkle eine größere Abneigung als gegen irgendeinen anderen Menschen, der ihr je im Lauf ihres langen Lebens begegnet sei. Du kannst dir vorstellen, was für ein fröhliches kleines Dreiergrüppchen wir von da an waren. Die anderen Gruppen waren alle ins Gebet vertieft, saßen mit geschlossen Augen nach innen gebeugt und neigten die Köpfe zur Seite, wie es normal ist. Wir drei dagegen hockten elend jeder in seiner eigenen kleinen Welt und hofften nur, der Planet Erde möge bitte in allernächster Zukunft explodieren. Grauenhaft!"

„Aber später passierte noch etwas Gutes, sagtest du."

Das klägliche Lächeln verschwand von Geralds Gesicht.

„Nun, ja, schon, aber ich kann nicht so richtig den Finger darauf legen, was es war. Ich glaube, es war gut – potenziell, aber ich bin nicht sicher, was es letzten Endes bedeutet. Dieser Blorgan sagte, wir sollten fünf Minuten lang schweigend dasitzen und uns auf einen Satz aus dem Abschnitt konzentrieren. Der stand natürlich auf der Leinwand."

„Welcher Satz war es denn?"

„Es war der Vers dreizehn: ‚Und als sie der Herr sah, jammerte sie ihn.' Das waren die Worte, auf die wir uns konzentrieren sollten. Ich saß da und versuchte zu begreifen, was das zu bedeuten hatte, und plötzlich – ich weiß nicht, wie ich es sagen soll – kam es mir so vor, als würde mir dieser Satz ins Herz eingebrannt."

„Tat das weh?"

„Eigentlich nicht. Es war so ein angenehm schmorendes Gefühl, wenn dir das was sagt. Der Satz wurde dort hingeschrieben, und jetzt könnte ich ihn beim besten Willen nicht mehr auslöschen. Was hältst du davon, Paps? Wenn du Lucy van Pelt wärst und ich Charlie Brown, dann würdest du mir jetzt sagen, ich spinne. Fällt dir irgendetwas Bestimmtes ein, was mit diesen Worten zu tun hat?"

Schüttelte langsam den Kopf und überlegte, was ich sagen könnte. Eine Erinnerung blitzte auf. Schwarze Wolken wälzten sich eines Spätnachmittags über die Hügel über Wharfedale in North Yorkshire, als ich mich als dünner Halbwüchsiger mit Rucksack müde in Richtung Kettlewell schleppte, wo ich in der Jugendherberge etwas zu essen und einen Schlafplatz zu finden hoffte. Das Dorf schien nie näher zu kommen, wie schnell oder wie weit ich auch marschierte. Das Gewitter erwischte mich, kurz bevor ich den Abstieg von den Hügelkuppen begann, und es jagte mir Angst und Schrecken ein mit seiner wahnwitzigen, trommelnden Gewalt. Am Ende erreichte ich meine Unterkunft doch noch, aber die wilde, erbarmungslose Gewalt des Gewitters und ihr krasser Kontrast zu meiner eigenen kauernden Bedeutungslosigkeit begleiteten mich für den Rest meines Lebens. Gewitterstürme gibt es. Schwarze Wolken bringen sie mit sich.

„Ich denke, das Beste ist, einfach festzuhalten, was – nun ja, was du empfindest, und auch die Worte selbst, und abwartest, ob sich irgendwann zeigt, wozu sie passen. Einfach – abwarten", schloss ich lahm.

Nickend sagte Gerald: „Ja, ich schätze, du hast recht. Ja, so werde ich es machen. Ich warte ab. Danke, Paps."

Hörte kurz vor dem zweiten Programmpunkt ein Gespräch zwischen Cameron und Richard Cook mit an. Verblüffend. Hätte genauso gut Gerald im Gespräch mit Richard vor fünfundzwanzig Jahren sein können.

Cameron sagte: „Ach, Onkel Richard, was ich dich noch fragen wollte: Findest du auch, dass Christen keine Kosmetika verwenden sollten? Das hat mich heute Morgen beim Lobpreis doch ein bisschen erstaunt."

Richard runzelte die Stirn und starrte Cameron verwirrt an. Ich weiß, ich weiß, ich falle auch manchmal drauf rein, aber Richard ist eine Klasse für sich. Er hat es nie gelernt. Er lernt es nie. Er wird es nie lernen.

„Tut mir leid, Cameron, aber ich erinnere mich gar nicht, dass heute Morgen irgendwo von Kosmetika die Rede war."

„Aber wir haben doch sogar ein Lied darüber gesungen, Onkel Richard. Weißt du nicht mehr? Es fing so an: ,Warum sollt' ich mich denn cremen?'."

Volle fünf Sekunden lang starrte Richard meinen boshaften Enkel an, bis ihm ein Licht aufging. Eher eine trübe Funzel, wie mein Großvater immer sagte, aber immerhin ein Licht. Er unterstrich seine nächsten Worte, indem er rhythmisch mit seinem Kaffeelöffel auf den Tisch klopfte.

„Ah! Ich glaube, ich weiß jetzt, wo das Problem liegt, Cameron. Weißt du, ich glaube, du hast den Text ein wenig missverstanden. Es heißt nicht ‚cremen‘, sondern ‚grämen‘, was natürlich etwas völlig anderes bedeutet. Verstehst du, was ich meine?"

„Oh, jetzt kapiere ich es", erwiderte Cameron mit Unschuldsmiene. „Wie dumm von mir." Nickte einen Moment lang nachdenklich vor sich hin. „Wäre ja auch blöd, wenn Gott etwas gegen Gesichtscreme hätte, oder, Onkel Richard?"

„Wieso blöd?"

„Na ja, weil er sie doch selbst gut gebrauchen kann."

„Wie kommst du denn darauf?"

„Weißt du nicht mehr? Das haben wir doch gleich im nächsten Lied gesungen: ‚Sieh nur des lieben Gottes Falten.‘ "

Cameron stand seelenruhig auf und griff nach seinem leeren Kaffeebecher, um ihn zurück zum Tresen zu bringen, während Richard ins Leere starrte und mit zitternden Lippen lautlos diesen letzten Satz nachformte. Könnte ein, zwei Tage dauern …

Erinnere mich nur an einen Fall, wo Richard absichtlich einen Witz machte, und das war ein ziemlich bitterer. Wir waren beide an einem Samstagvormittag bei einem Vortrag für Männer über die „Christliche Ehe", gehalten von einem Mann mit ungefähr tausend äußerst weißen Zähnen und stark transatlantischem Akzent. Ich spürte schon ziemlich zu Anfang, dass Richard die ganze Sache ausgesprochen sinnfrei fand. An einer Stelle sprach dieser raffinierte Bursche mit seiner aalglatt-sonoren Stimme davon, wie man ein bisschen Schwung ins Liebesspiel bringen könne.

„Warum nicht mal eine Kissenschlacht?", schwafelte er. „Es gibt ja nicht nur eine Art von Vorspiel."

Richard sagte nichts, aber er drehte sein Gesicht zu mir und sah mich kurz mit hochgezogenen Augenbrauen an. Ich ahnte schon, was in seinem Kopf vorging. Erstens standen die Chancen, dass seine zugeknöpfte Frau Doreen sich auf ein so verrücktes Ansinnen einlassen würde, ungefähr eins zu einer Trillion. Zweitens, selbst wenn sie sich durch ein Wunder zu dieser Idee bereitfinden würde, müssten sie eigens dazu alte, verblichene Kissen vom Dachboden herunterholen, und das Ganze würde mit leidenschaftsloser Würde vor sich gehen. Immer nur ein Kissen auf einmal würde fliegen, und jedes müsste sogleich wieder eingesammelt und glatt gestrichen werden, bevor sie den nächsten vorsichtigen Wurf wagen würden.

Wenig später gab Richard tatsächlich einen hörbaren Kommentar von sich. Der Eheexperte hatte gerade davon gesprochen, wie wichtig die körperliche Beziehung in einer Ehe sei.

„Es gibt keine feste Regel", sagte er vollmundig, „aber es ist zu hoffen, dass christliche Ehemänner und Ehefrauen ihre Eheversprechen voreinander und vor Gott erfüllen, indem sie sich regelmäßig körperlich vereinigen. *Erleben Sie das so?*"

„Klar doch", murmelte Richard mit völlig ausdrucksloser Stimme. „Regelmäßig wie die Uhr, seit wir vor vierzig Jahren geheiratet haben. Einmal pro Jahrzehnt – das lassen wir uns nicht nehmen."

Hatte ein richtig gutes Gespräch mit der hübschen, dunkelhaarigen jungen Frau, die beim Abendessen so nett zu Gladys gewesen war. Sie heißt Karina. Sie kommt aus Lettland und arbeitet für ein Jahr hier in Scarleeswanvale. Danach will sie nach Hause zurückkehren und ihr Studium fortsetzen. Hatten unseren Spaß damit, Reime für ungewöhnliche Wörter zu finden. Nettes Mädchen.

Beim zweiten Programmpunkt war ich dabei. Hinterher sagten die Leute, es sei interessant und nützlich gewesen, aber ich bekam kaum ein Wort mit. Dachte dauernd an Gerald und Cameron und stellte mir ihre Gesichter vor, wenn sie die Neuigkeit erfahren, wie auch immer sie ausfallen wird. Mir lief es eiskalt den Rücken hinunter.

Einmal jedoch, als ich durchs Fenster hinausschaute, war ich kurz abgelenkt. Weit da draußen schleppte gerade Sally, die duldsame Mitarbeiterin, ihr Gepäck und ihr Bettzeug in Richtung eines kleinen Gartenhäuschens am Rand der hinteren Rasenfläche. Als sie die Tür aufzog, ging eine regelrechte Lawine langstieliger Gartenwerkzeuge über ihre wehrlose, gebückte Gestalt hernieder. Sah zu, wie sie geduldig alle Geräte aufhob und sorgfältig wieder in dem Gartenhäuschen unterbrachte, um dann ihren eigenen Kram wieder zusammenzuraffen und trübsinnig über den Rasen davonzuhumpeln. Ich weiß, sie sagt, es macht ihr eigentlich nichts aus, aber ...

Applaus für Stanley Blorgan am Ende seines zweiten und letzten Referats. Kam allgemein gut an, trotz der Überfunktion seiner PowerPoint-Drüse. Überreichte ihm einen Scheck, dankte ihm herzlich im Namen aller und schüttelte ihm die Hand. Er blieb nicht zum Mittagessen. So viele Zähne!

Fand zu meinem Schrecken in meinem Fach eine Nachricht des Hausleiters, der mich bat, vor dem Mittagessen bei ihm vorbeizuschauen und ihm zu erklären, aus welchen Gründen ich Karina, das nette lettische Mädchen, mit dem ich mich zuvor unterhalten hatte, so tief beleidigt hätte. Keine Ahnung, was das zu bedeuten hatte! Was hatte ich denn Schlimmes zu ihr gesagt? Zeigte Anne den Zettel.

Darauf sie: „Oh Adrian, um Himmels willen, was hast du denn dem armen Mädchen angetan?"

Ich sagte empört: „Wie meinst du das? Ich habe dem *armen* Mädchen überhaupt nichts *angetan*. Sie ist kein armes Mädchen. Und was denkst du eigentlich, was ich ihr *angetan* haben könnte? Ich wollte ihr nur ein bisschen mit ihrem Englisch helfen. Ehrlich!"

Hatte etwas Bammel vor dem Treffen mit dem Hausleiter. Bisher hatte ich meine Begegnungen mit Alan Varney nicht sehr genossen. Diesmal würde es mir wohl kaum besser ergehen, dachte ich mir. Vermutlich war es nach meiner Bemerkung heute Morgen ein gefundenes Fressen für ihn, dass er jetzt einen Grund hatte, mich anzuschnauzen. Lief kurz vor Ende der Kaffeepause einem der älteren, ergrauten Mitglieder des Teams, das sich um das Grundstück kümmerte, über den Weg. Sagte beiläufig: „Sie sind doch bestimmt schon eine Weile hier. Was ist denn der Hausleiter für ein Typ? Was halten Sie von ihm?"

In schnarrendem Schottisch antwortete er: „Die tauchten alle nix, bis auf einen. Der-r-r jetzige is ganz br-r-rauchbar, solange wir-r-r ihn nich unter-r-rm Feuer-r-rmelder-r-r pr-r-redigen lassen. Die heiße Luft löst immer-r-r den Alar-r-rm aus."

Ich schätze, das sollte ein Witz sein, obwohl er nicht lächelte.

Frustrierend verrauschter Anruf von Leonard, als ich gerade auf dem Weg zum Hausleiter war.

„Hallo, ist da Adrian?"

„Ja, ja, wo seid ihr denn jetzt, Leonard?"

„Ja."

„WO SEID IHR JETZT?"

„Nein, eigentlich nicht."

„ICH SAGTE – ICH *SAGTE*, WO SEID IHR JETZT?"

„Ach so – in einer Hecke."

„EINER HECKE? WIE MEINST DU DAS, *IN* EINER HEK-KE? MEINST DU VOR EINER HECKE? NEBEN EINER HECKE? IN DER NÄHE EINER HECKE?"

„Nein, *in* einer Hecke. Moment mal – ah, na prima! Wir sind aus der Hecke heraus."

„Gut! Was – also, jetzt seid ihr auf einem Weg oder einer Straße oder so, ja?"

„Kurz vor dem Mittagessen."

„Nein, seid ihr – SEID IHR AUF EINER STRASSE ODER SO?"

„Nein, auf einem Acker. Wir sind auf – auf so einem gepflügten Feld. Wir schalten jetzt auf den Iren um. Angels meint, Männer kommen auf einem Acker vermutlich besser zurecht."

„Leonard, ist dir nicht klar, dass es nicht den kleinsten Unterschied ausmacht, ob es ein Mann oder eine – hallo! Hallo! LEONARD? LEONARD, BIST DU NOCH DRAN …?"

Legte erschöpft auf und machte mich auf die Suche nach ein paar Halsbonbons. Hoffentlich sind sie hier, bevor wir alle wieder weg sind …

Betrat um 12.45 Uhr das Büro des Hausleiters. Karina saß in der Ecke und tupfte sich mit einem Taschentuch in den Augenwinkeln herum. Varney hatte bereits den finsteren Blick gerechter Empörung aufgesetzt, mit dem er mich begrüßte.

„So, Mr. Plass", fing er an, „wie ich höre, ist dieses junge, verunsicherte Mädchen aus einem fernen Land völlig außer sich, weil Sie es für nötig hielten, sich abfällig über ihren Lebenswandel zu äußern."

Riss entsetzt Mund und Augen auf. Beinahe hätten meine Beine nachgegeben. „Was! Das habe ich nicht! Ich habe nichts dergleichen …"

Karina schniefte und schluckte.

„Doch, doch, haben Sie! Ich bin anunständike Frau, haben Sie gesagt. Sie haben mich schlimmes Wocht genannt."

Sie hielt mir einen Zettel entgegen. Darauf stand in der Mitte ein Wort in Großbuchstaben, und darunter mein Name.

„Sie haben mir diesen Brav gestickt, oder?"

„Brav gestickt ...? *Brief geschickt* – ja, ja, diesen Brief habe ich Ihnen geschickt, aber das ist doch kein schlimmes Wort!"

Karina schnappte nach Luft und sah mich mit offenem Mund an, sichtlich empört über meine Äußerung, die aus ihrer Sicht eine unverfrorene Lüge war. Spürte einen Anflug von Verzweiflung.

„Hören Sie, Karina, Sie müssen sich doch erinnern – wir haben uns unterhalten und nach Wörtern gesucht, die sich auf ‚Plempe' reimen. Sie haben ‚Krempe' gesagt, und ich habe gesagt, das sei sehr gut, und ich müsse darüber nachdenken, ob es noch mehr gibt. Später fiel mir dann ein, dass man Destillationsrückstände ‚Schlempe' nennt, und das habe ich Ihnen auf den Zettel geschrieben. Schlempe ist kein schlimmes Wort! Ehrlich nicht ..."

Am Ende klärte sich alles. Karina ist wieder fröhlich, aber es war ganz schön anstrengend. Meine Güte!

Ich glaube, Alan war ein bisschen enttäuscht, dass er mich nicht den aggressiveren Mitgliedern der Gemeinschaftsmeute zum Fraß vorwerfen konnte. Habe ich erwähnt, dass ich mit Alan Varney nicht recht warm werde?

Erzählte Anne im Vorbeigehen von meinem Treffen mit Alan Varney und Karina. Sie starrte mich an, ehe sie weitereilte, und murmelte irgendetwas vor sich hin. Hörte sich an wie „So ein Knellkopp!"

Auf einem Regal im Sonnenzimmer, wenn man am Anmeldefenster vorbeikommt, steht ein Buch mit dem Titel *Gottes*

Haus auf dem Berg: Eine kurze Geschichte von Scarleeswanvale von Brenda Fittit. So kurz ist es gar nicht. Ich hatte es am Freitag in die Hand genommen und durchgeblättert. Es ist ein richtig schwerer alter Wälzer, angefüllt, soweit ich sehen konnte, mit dichten, endlosen, klein gedruckten Absätzen, in denen in ermüdend süßlicher Ausführlichkeit die (anscheinend) ununterbrochene Freude geschildert wird, die allen Männern, Frauen, Tieren, Insekten und Mikroben zuteil wird, die je durch die Tore dieser Tagungsstätte getreten sind.

Gerald trat mir in den Weg, als ich nach meinem Zusammenstoß mit Alan ein bisschen frische Luft schnappen wollte. Er hielt mir grinsend einen Zettel entgegen.

„Schau mal hier, Paps. Sieht aus, als wäre die ‚anonyme Unbedachtheit in scherzhafter Absicht‘, über die Alan Varney gestern so erbost war, nicht der erste Fall gewesen, bei dem sich jemand bemüßigt fühlte, die offizielle Parteilinie ein wenig auszuschmücken … Das hier habe ich gerade gefunden. Es war hinten in Brendas schauderhaftem Buch eingelegt. Meinst du, wir sollten es wieder zurücklegen? Ich kann mich nicht entscheiden. Na, ich überlasse das dir.“

Setzte mich draußen auf die Mauer und las mir den Text auf dem Blatt durch.

NACHTRAG BEZÜGLICH DER LEITERSCHAFT VON JONATHAN HARVESON.

VON EINEM MITGLIED DER GEMEINSCHAFT, DAS SEIT 1763 IN SCARLEESWANVALE IST

Im Jahre 20** [unleserlich] widerfuhr uns der Segen der Ankunft des neuen Hausleiters Jonathan Harveson, der mit seiner Frau Beryl und seinen Freunden Vaughn und Stella Burton viele neue und kostbare Traditionen in Scarleeswanvale einführte. Die Freitagabende zum

Beispiel wurden zum Fanal einer zutiefst kostbaren Zeit, in der der Hausleiter und ein kleiner Kreis vertrauter Freunde das Gelände verließen, um an einem Ort, an dem, wie Jonathan selbst es so unnachahmlich ausdrückte, ein „beständiges Überfließen" herrschte, Inspiration und Erleuchtung zu suchen. Welch tiefe Ermutigung war es für viele von uns, wenn wir die Mitglieder dieser kleinen Gruppe zwei oder drei Stunden später zurückkehren sahen. Auf ihren Gesichtern lag ein geradezu überirdischer Glanz; ihre Stimmen erklangen mit Gelächter und frohem Gesang, wenn sie in gewundenen Bahnen die Einfahrt heraufkamen, wobei sie sich in göttlichem Übermut aneinander und an die nächsten Bäume klammerten.

Eine ganz besondere Erinnerung. Ich selbst war Zeuge, als der Hausleiter sich bei einer dieser Gelegenheiten auf dem Kies niederwarf, mit dem Gesicht nach unten, als wollte er die Grundfesten unseres gemeinschaftlichen Unterfangens küssen. Ja, er schien von der Bürde und der symbolischen Bedeutungsschwere dieses Erlebnisses so überwältigt zu sein, dass ihm buchstäblich die Beine versagten, sodass seine Gefährten seine reglose Gestalt aufheben und bis zur Tür der Hausleiterwohnung tragen mussten.

Wie gut erinnere ich mich noch, wie ich später am selben Abend auf dem Hang oberhalb des Flusses saß, jenes Wasserlaufs, dem der Hausleiter nach zwei Wochen in seiner neuen Stellung den spielerischen (wenn auch vielleicht etwas seltsamen) Spitznamen „Shift Creek" gab. Über meinem Haupte füllten Millionen Sterne den Himmel wie eine gewaltige Engelschar, und von Jonathan und Beryls Haus her trug die sanfte Nachtbrise immer noch schwach hörbare Ausbrüche von Heiterkeit, plötzliche, ausgelassene Freudenrufe, Bruchstücke hymnischer Gesänge, wohl aus Mission Praise, und das gelegentliche Klimpern von Milchflaschen oder Bechern heran, als wohl Kaffee zubereitet und serviert wurde. Diese Hingabe an den gemeinsamen Dienst und den spontanen Lobpreis am Ende einer langen Woche machte mir *eines ganz deutlich: Scarleeswanvale könnte nicht in besseren Händen sein!*

Wir hatten ja gehört, dass es hier in letzter Zeit ein paar Schwierigkeiten gegeben hatte. Vielleicht wissen wir jetzt ein bisschen mehr darüber, woher sie kamen. Aber nein, nicht doch!

6 SAMSTAGNACHMITTAG

Schweigemahl vor einer halben Stunde zu Ende. Ich kann nur sagen, Denver Mountainbergers Gemeinde muss wohl aus lauter Taubstummen, Pantomimekünstlern und gefesselten und geknebelten Kindern bestehen. Teilweise meine eigene Schuld. Was war nur in mich gefahren, dass ich der Meinung war, Vernon Farmer sei genau der richtige Mann, um für einen solchen Anlass die Musik auszusuchen? Die ganze Sache war eine ziemliche Farce. Heute Nachmittag ist eine Feedbackrunde geplant, um zu hören, wie die Leute es gefunden haben. Das wird ein Spaß – von wegen. Sagen wir einfach, ich habe es nicht eilig damit, so etwas noch einmal zu machen.

Um halb drei ging es weiter mit Workshops, Seminaren und anderen Aktivitäten. Gerald hatte vor, eine Stunde über „Heiter durch die Bibel" zu machen. Jemand anderes bot eine geführte Wanderung an. Ein Mann namens Reg Dinsley sollte ein Pool-Turnier organisieren, und ich war voller Anspannung im Begriff, meinen Workshop über „Frische Ausdrucksformen in der Kirche" zu eröffnen.

Die acht Leute in meinem Workshop sahen bis auf zwei alle so aus, als warteten sie nur auf den Tee oder die Wiederkunft Christi oder auf sonst irgendetwas, was wenig bis gar nichts mit Frischen Ausdrucksformen zu tun hatte. Fünf aus Geralds Gemeinde, darunter Mirabel Vasey und Alvin Dekkle, und zwei aus meiner. Außerdem Cameron und ich. Ziemlich entsetzt darüber, Cameron und Mirabel in derselben Gruppe auftauchen zu sehen. Mirabels Sicht der Welt ist für Cameron so etwas wie für einen Stier ein rotes – oder besser gesagt grünes – Tuch. Außer für Umweltfragen scheint sie sich für nichts zu interessieren.

Mein Problem war, wie ich schon zu Anne gesagt hatte, dass ich bis auf die spärlichen Früchte meines Boogelns kaum eine Ahnung hatte, was der Begriff, über den wir uns hier unterhalten sollten, überhaupt bedeutet. Daher war ich sehr auf die Beiträge der anderen angewiesen. Zu Beginn erklärte ich, soweit ich es verstünde (und im Zuge meiner Internetrecherche herausgefunden hatte, wobei ich das natürlich nicht laut sagte), sei eine frische Ausdrucksform eine Gemeinde- und Gottesdienstform für unsere veränderte Kultur, vor allem zugeschnitten auf Leute, die noch zu keiner Kirche gehören. Sie könne etwas völlig Neues und Andersartiges sein. Fragte die Leute, wie sie darüber dachten.

Kurzes, gespenstisches, stranguliertes Schweigen, begleitet von eingehendem Studium der Fingernägel, bis Mirabel schließlich völlig zusammenhanglos sagte:

„Jesus muss ein Pescatorianer gewesen sein."

Daraufhin murmelte Sheridan Salmons, ein würdevoller Herr von Mitte achtzig mit kerzengerader Haltung: „Also kein Anglikaner?"

Ohne auf ihn einzugehen, erklärte Mirabel, ein Pescatorianer sei jemand, der Fisch, aber kein Fleisch esse, und wenn wir so leben wollten wie Jesus, dürften auch wir auf keinen Fall Fleisch essen.

Cameron erwiderte, ohne die Miene zu verziehen: „Wenn man es recht bedenkt, Mirabel, warum packen wir nicht den Stier bei den Hörnern – Entschuldigung, ich meine den Salat bei den Blättern – und machen uns eine vegetarische Bibel. Ich meine, die Söhne Noahs könnten doch statt Sem, Ham und

Jafet genauso gut Sem, Tofu und Jafet heißen. Und wenn Elia sich am Bach Krit versteckt, könnten die Raben ihm morgens Brot und Haselnussmus bringen." Cameron geriet sichtlich in Fahrt. „Dann könnte man das ganze Alte Testament überarbeiten und alle Brandopfer in Sojabratlinge umändern. Und wenn Gott im vierten Buch Mose sagt, dass die hungernden Israeliten so viel Fleisch zu essen haben werden, dass es ihnen zur Nase herauskommt, könnte man dafür doch einfach gehacktes Gemüse einsetzen. Wie findest du das, Mirabel?"

Mirabel sagte spitz: „Du gleichst deinem politischen Namensvetter wie ein Ei dem anderen, was, Cameron? Du redest genau wie er durch …"

Unternahm einen mannhaften Versuch, uns wieder zum Thema zurückzubringen.

„Hört mal, ich glaube, das hat alles nicht sehr viel damit zu tun, wie wir über Frische Ausdrucksformen denken, oder? Unsere Zeit ist begrenzt. Lasst sie uns nicht vergeuden."

„Entschuldige, Opa", sagte Cameron. „Mirabel, du hast wahrscheinlich recht. Ich finde auch, wir sollten uns anschauen, was Jesus getan hat, und versuchen, genauso zu sein wie er. Weißt du was? Vielleicht sollten wir uns den Abschnitt im elften Kapitel des Markusevangeliums anschauen, wo Jesus den Feigenbaum verflucht, sodass er verdorrt und stirbt. Das nenne ich doch mal mit gutem Beispiel vorangehen. Und nützlich ist es obendrein. Wenn wir ein Stück im Garten roden müssen, können wir uns einfach hinstellen und ordentlich die Pflanzen beschimpfen. Brillant!"

Da ich Mirabel ansah, dass sie kurz davor war, überzukochen wie ein Topf Milch, trat ich voll auf die Bremse.

„Nein! Schluss mit den Albernheiten. Wer nicht beim Thema bleibt, sagt bitte gar nichts."

Konnte kaum glauben, dass ich das war, den ich da sprechen hörte. Jedenfalls bewirkte das tatsächlich, dass ein kurzes, köchelndes Schweigen eintrat. Schließlich räusperte sich Duncan Whitton, ein eleganter kleiner Mann mit gewelltem grauem Haar und roter Fliege, und sagte mit seiner leisen, kultivierten Stimme: „Verzeihen Sie meine Unwissenheit, aber was genau möchten wir eigentlich frisch ausdrücken?"

Welche Erleichterung!

Ich sagte: „Aha, *gute* Frage, Duncan! *Ausgezeichnete* Frage. Was meinen die anderen?"

Alvin Dekkle entknotete seinen Körper von der Rückenlehne seines Stuhls und antwortete sogleich. Jetzt weiß ich auch, an wen er mich erinnert. In der Quizsendung *Eggheads* auf BBC2, die ich so gern sehe, gibt es einen Typen, der immer blinzelt und nach Luft schnappt und Grimassen schneidet, wenn jemand anderes eine falsche Antwort gibt.

Mit wedelnden Armen sagte er: „Das ist ja mal wieder *typisch*!"

Schüttelte heftig den Kopf hin und her und machte mit dem Mund ein Geräusch wie ein Kleinkraftrad mit Starthemmungen.

„Wickelt es in Worte ein! Macht eine Religion daraus. Stopft es mit Regeln voll. Bringt es um, bevor es geboren ist. Saugt ihm das Blut aus, bevor es die Chance hat, zu wachsen und eine authentische Form zu finden. Geben wir uns doch lieber mit der abgenutzten, mittelschichtmäßigen alten gegenseitigen Beruhigungsmasche zufrieden und vergessen wir einfach, dass es da draußen eine wirkliche Welt voller Menschen gibt, die jemanden brauchen, der nicht nur über irgendwelche hochtrabenden Begriffe herumschwadroniert, die außer für ein paar Leute, die sich sowie um niemanden außer sich selbst scheren, völlig bedeutungslos sind. Es macht mich *krank*! Was genau wir eigentlich frisch ausdrücken möchten, wollen Sie wissen? Allein schon dadurch, dass Sie diese Frage *stellen*, machen Sie es ziemlich unmöglich, sie zu beantworten. Erkennen Sie das nicht? Sie trampeln darauf herum! Erkennen Sie das *wirklich* nicht? Das müssen Sie doch alle erkennen!"

Ließ sich schlaff zurück auf seinen Stuhl sinken, als wäre er erschöpft von einer Welt, die zu solch böswilliger Beschränktheit imstande ist.

Verblüffte Pause.

Dann sagte Duncan Whitton milde: „Hmm, richtig. Tut mir leid. Ich fragte mich nur – wissen Sie –, worum es eigentlich geht. Ich meine – wie sollen wir es denn machen, wenn wir nicht einmal darüber reden dürfen, was es ist?"

Schwerer Seufzer wie unter einer unerträglichen Last vonseiten Dekkles. Hievte sich müde wieder in eine vorgebeugte Haltung und fing an, mit beiden Händen auf die Luft einzuhacken, wohl, um das Universum für seine begriffsstutzigen Zuhörer in leicht verständliche Scheiben aufzuteilen.

„Schauen Sie, ich kenne einen Mann, der wegen unvorstellbarer Gewalttaten schon vier oder fünf Mal im Gefängnis war. Aus irgendeinem Grund, keine Ahnung, warum", zuckte er bescheiden die Achseln, „bin ich der einzige Mensch, mit dem er redet …"

„Auf der ganzen Welt? Das ist erstaunlich!", warf Cameron mit unschuldiger Miene ein.

„Was? Nein!", fegte Dekkle die Unterbrechung ungeduldig zur Seite. „Nein, natürlich nicht! Ich meine, ich bin der einzige Christ, mit dem er reden will. Wahrscheinlich, weil ich es mir zum Prinzip gemacht habe, ihm *niemals* das Evangelium zu predigen."

„Ah ja, jetzt verstehe ich", murmelte Cameron ernst. „Den Fehler machen ja viele Evangelisten, die frischen ebenso wie die anderen."

Dekkle warf Cameron einen kurzen, argwöhnischen Blick zu, bevor er fortfuhr.

„Dieser Mann hat schon mehrere Male seine Frau verprügelt. Er ist ein notorischer Ehebrecher. Er war an Raubüberfällen, tätlichen Angriffen und Gewalttaten gegen die Polizei beteiligt. Er bereut nicht das Geringste von allem, was er getan hat, und er hat mir gesagt, am liebsten würde er alle Christen auf der Welt zusammentreiben und mit einer AK-47 auf sie ballern, bis alles in ihrem Blut schwimmt. Und dennoch!"

Boxte sich mit der Faust rhythmisch in die linke Handfläche, während er fortfuhr.

„Und dennoch ist dieser Mann Jesus näher als irgendjemand sonst, dem ich je begegnet bin. Und ich sage Ihnen noch etwas. Vergessen Sie Buße und Erlösung und all die anderen dummen, leeren Worthülsen, mit denen wir um uns werfen – wenn dieser Kerl einmal stirbt, dann kommt er *geradewegs* an den Ort, den wir so gerne Himmel nennen!"

Klatschte sich lautstark auf die Schenkel und blickte triumphierend in die Runde.

„Soso", sagte Sheridan trocken. „Gütiger Himmel! Das nenne ich eine Offenbarung. Das ist auf jeden Fall eine *äußerst* frische Ausdrucksform der Frohen Botschaft, verglichen damit, wie ich sie bisher immer verstanden habe.

Wenn ich Sie also richtig verstanden habe, Mr. Dekkle, dann sollten wir Christen niemals den gefährlichen Irrtum begehen, das christliche Evangelium zu predigen. Wir sollten zu allen, denen wir begegnen, so unangenehm wie möglich sein. Wir sollten einen möglichst großen Teil des Leibes Christi massakrieren, im Idealfall alle, und all die wesentlichen Elemente der christlichen Lehre ablegen, an denen wir während der letzten zweitausend Jahre törichterweise festgehalten haben. Und wenn wir dann sterben, marschieren wir zuversichtlich zu den Pforten des Himmels, wo Gott uns lächelnd mit einem Klaps auf den Rücken beglückwünschen und sagen wird: ‚*Recht* so, du tüchtiger und treuer Knecht. Geh hinein zu deines Herrn Freude. Du wohnst in der Dschingis-Khan-Siedlung. Dritte Wohnstatt links. Abendessen gibt's um sechs.'

Verzeihen Sie, Mr. Dekkle, aber denken Sie nicht auch, dass Ihre Vorstellung von christlichem Denken und Verhalten ein klein wenig vom Weg der Orthodoxie abweicht, wie ihn die meisten von uns bisher, aus Ihrer Sicht irrtümlich, aufgefasst haben?"

Dekkle verdrehte seinen Körper zu Schlingen der Frustration, schlang seine Arme fest um sich und schloss die Augen. Offenbar konnte er den Anblick von Menschen, die einen solchen mit Irrtümern gesättigten Unsinn von sich zu geben vermochten, nicht ertragen.

„Darf ich etwas sagen?", fragte Joy Venables schüchtern.

Joy gehört zu unserer Gemeinde und ist ein Schatz, auch wenn sie dazu neigt, sich dem, was sie eigentlich sagen will, auf etwas verschlungenen Pfaden anzunähern.

„Aber natürlich, Joy", sagte ich, „nur denk bitte daran, dass uns nur sehr begrenzte Zeit zur Verfügung steht und wir" (strenger Blick zu Alvin Dekkle) „eine ganze Menge davon schon verbraucht haben."

„Oh ja, das ist mir vollkommen klar, Adrian. Ich werde mich so kurz wie nur irgend möglich fassen. Äh, wie viel Zeit gibst du mir? Wären zwei Minuten schon ein wenig zu lang, oder sollte ich nach drei oder vier Minuten innehalten und dich fragen, ob ich weitersprechen darf, bis ich zum ..."

„Joy, sag es einfach – *sag* es einfach."

„Gut. Aber du sagst mir Bescheid, wenn ich zu lange rede, oder? Es wäre mir nämlich wirklich unangenehm ..."

„Hör mal, Joy, bitte fang an, uns zu sagen, was du sagen möchtest, sobald ich diesen Satz beendet habe."

Pause. Joy saß nach vorn gebeugt da wie ein Wettläufer auf dem Startblock.

„Hast du deinen Satz beendet?"

„Ja! Jetzt fang an zu reden."

Also ehrlich! Neben der real existierenden Kirche wirkt *The Vicar of Dibley* wie ein Dokumentarfilm.

„Jetzt?"

„Ja, Joy! Jetzt! Jetzt!"

„Gut. Also, meine Schwägerin Ellen nahm mich einmal – das heißt, nicht sie nahm mich mit, sondern ich nahm sie mit, fahrtechnisch gesehen, jedenfalls den größten Teil des Weges. Weißt du, ihr Auto musste zur Reparatur, und sie wollte schon absagen, aber ich sagte, nein, wir fahren mit meinem. Ich fahre dir bis zur Werkstatt hinterher."

„Aha, ja. Und wo wolltet ihr hin?"

„Wir wollten in die Renault-Werkstatt an der Radford Road. Man biegt am Kreisel rechts ab, bei B&Q, kurz bevor man nach Radford hineinkommt. Man muss nur aufpassen, dass man nicht die zweite …"

„Joy, wohin bist du *nach* der Werkstatt mit deiner Schwägerin gefahren?"

„Ach ja, Entschuldigung, wir fuhren zu ihrer Kirchengemeinde, zu einem Samstagsfamilienfrühstücksgottesdienst, wie sie das nennen. Und, also – das war großartig, wirklich großartig."

„In welcher Hinsicht?"

„Es war so normal. Mütter und Väter und Kinder und alles Mögliche zu essen und Gespräche und ein paar Lieder und allgemeines Durcheinander, und gegen Ende schließlich eine kleine Ansprache – oder eigentlich eher eine Geschichte. Sogar die Kinder hörten richtig gut zu, na ja, die meisten jedenfalls. Es war so, wie wenn ganz normale Leute ganz normale Dinge tun. Hört sich albern an, aber das war es, was mir damals auffiel. Und es ist so, Adrian: Ellen sagte mir, dass viele von den Eltern, die dort waren, sonst nie in die Kirche kommen. Viele der Kinder kommen regelmäßig zu einer Gruppe am Montagabend, aber die Mütter und Väter kommen fast nie zu den Gottesdiensten, wenn sie eingeladen werden. Aber jetzt schon. Einmal im Monat. Sie lieben dieses Familienfrühstück. Wirklich, es war so anders. So – so normal."

Duncan beugte sich nickend vor. Seine Augen leuchteten vor Interesse.

„Faszinierend", sagte er mit seiner weichen Stimme. „Und ich nehme an, die Antwort auf meine Frage muss sozusagen aus dem Material dieses Erlebnisses herausdestilliert werden."

„Alter Hut!", unterbrach Alvin Dekkle verächtlich aus den Tiefen seines Schmollwinkels.

„Tropenhelm!", gab Cameron postwendend zurück. „Bitte weiter, Duncan."

„Nun, ich wollte gerade sagen, dass Joys Schilderung dieser speziellen ‚frischen Ausdrucksform', wenn es denn eine ist, uns vielleicht einen Hinweis geben könnte. Was diese Gemeinde ausdrückte, war – nun ja, Gastfreundschaft, Großzügigkeit und …"

„Frühstück!", ergänzte Sheridan lebhaft.

„Genau! *Frühstück* hat doch etwas ungemein – Geselliges an sich, nicht wahr?"

„Besonders, wenn es kostenlos ist!", fügte Norman Fellows, der bisher noch nichts gesagt hatte, lachend hinzu. Dann wurde er rot, als ihm aufging, welche Schlüsse seine Begeisterung nahelegen konnte. „Ich – ich meine nicht, dass ich unbedingt ein kostenloses Frühstück haben wollte. Ich meine nur, andere Leute würden – Sie wissen schon, so etwas schätzen …"

„Ganz genau, Norman", fuhr Duncan freundlich fort, „Und wenn Alvin vielleicht auch seine Sichtweise eben etwas überzogen dargestellt hat …"

Ein Grunzen von Dekkle.

„… scheint mir doch in dem, was er gesagt hat, ein Körnchen Wahrheit zu liegen. Es hat wenig Sinn, die Liebe Christi sozusagen abstrakt zu verkünden, wenn wir nicht auch Speck und Eier dazu servieren."

„Oder Brot und Fische", sagte Cameron.

„Mit Bio-Vollkornbrot und handgeangeltem Wildfisch aus nachhaltigen Beständen als vegetarische Option", ergänzte Mirabel noch.

„Aber wie *macht* man so etwas?", fragte Norman. „Ich meine, in unserer Gemeinde gibt es zurzeit nichts, was dem auch nur entfernt ähnlich wäre. Es ist schwer, sich so etwas vorzustellen. Wie fängt man so etwas an?"

„Ich weiß genau, wie man das macht", sagte Cameron unerwartet.

„Dann sag es uns, Cameron."

Ich fing an, Duncan zu mögen.

„Ganz einfach! Man bringt meine Mutter dazu, es in die Hand zu nehmen. Na ja, vielleicht nicht unbedingt meine Mutter, aber jemanden – Leute – *wie* meine Mutter. Jemand, der gerne etwas für andere tut. Jemand, der versessen auf Kinder ist und sie respektiert und sich freut, wenn sie ihren Spaß haben. Jemand, der es noch besser drauf hat, für andere Leute Jesus zu *sein*, als nur über ihn zu reden. Ich fand es herrlich, ein Kind zu sein und so eine Mutter zu haben. Finde ich immer noch. So macht man das. Man holt sich jemanden wie meine Mutter. Sie ist fantastisch."

Mein Enkel!

Recht gute Diskussion von da an.

Sie ist fantastisch. Ja, das ist sie. Wäre es nur möglich, Gedanken einfach abzuschalten, wenn man sie nicht mehr denken will. Sie ist fantastisch. Ist. Ist. Ist.

Als ich Gerald fragte, wie seine „Heiter durch die Bibel"-Stunde gelaufen sei, hielt er die Hand flach vor sich ausgestreckt und schaukelte sie ein wenig hin und her.

„Sowohl gut als auch schlecht, Paps. Manche fanden es klasse. Andere saßen von Anfang bis Ende da, als würde ihnen gleich der Kragen platzen."

„Wie kam das denn?"

„Das waren mehrere Dinge. Zu Anfang habe ich gesagt, ich sei hundertprozentig der Meinung des guten alten Gilbert Chesterton, der sagte, es gebe drei Worte, mit denen sich die Leute wirklich nicht herumschlagen wollen: ‚Er wurde Mensch.' Gott wurde wirklich Mensch. Kein merkwürdiger Mensch. Kein Mutant. Kein Fast-aber-nicht-ganz-Mensch. Wahrer Mensch und gleichzeitig wahrer Gott. Genau denselben Versuchungen ausgesetzt wie wir."

„Das gefiel ihnen nicht?"

„Na ja, in der Theorie waren sie noch einigermaßen einverstanden damit, aber es lag ein unverkennbares ‚Verbrennt-ihn'-Geflüster in der Luft, als ich ihnen mein neu entdecktes Evangelium vorstellte."

„Dein was?"

„Mein neu entdecktes Evangelium. Ich habe es letzten Sommer unter einem Felsen im Nahen Osten gefunden. Praktischerweise ist es sogar auf Englisch geschrieben."

„Verstehe. Und wie lautet der Titel dieses brandneuen Evangeliums in englischer Sprache?"

Gerald reichte mir einen Stapel Blätter.

„Hier ist es. Es heißt *Das triviale Evangelium nach Fidybus*. Ich habe ihnen drei Auszüge daraus vorgelesen. Zwei Drittel der Leute machten sich beinahe in die Hosen. Die übrigen hatten ihre Blasen bestens unter Kontrolle, aber mit ihren Gesichtern gelang ihnen das nicht so gut. Schau mal, was du davon hältst. Die Stellen, die ich vorgelesen habe, sind mit einem bösen grünen Sternchen markiert."

Ich las die Auszüge.

Fidybus 2,16-18

Und der Engel Gabriel erschien dem Fischer Simon und sprach zu ihm: „Siehe, ich verkündige dir große Freude, denn du wirst schwanger werden und einen Sohn gebären."

Da wurde Simon alsbald von einer Ohnmacht ergriffen.

Als er aber erwachte, sprach der Engel abermals zu ihm: „Fürchte dich nicht, denn es könnte durchaus sein, dass ich mich in der Tür geirrt habe …"

Fidybus 12,16

Später am selbigen Tage pflückte Jesus eine rosafarbene Blüte und steckte sie sich ins Haar. Es sah seltsam aus, aber hübsch.

Fidybus 16,1-3

Und abermals ging Jesus nach Bethanien ins Haus von Marta und Maria. Marta aber sprach zu ihm: „Möchtest du ein Ei?"

Jesus aber antwortete ihr und sprach: „Wahrlich, wahrlich, ich sage dir, ich werde kein Ei mehr essen, bis dass ich …"

„*Möchtest* du ein *Ei*?", fiel ihm Marta ins Wort.

Da sprach Jesus: „Wahrlich, die Söhne der Verdammnis werden Eier essen in dem zukünftigen Zeitalter, aber der Sohn des Menschen kann nicht ..."

„*Möchtest* du ein *Ei* oder möchtest du *kein Ei*?"

Jesus aber antwortete ihr und sprach: „Was? Oh ja, zwei bitte, weich gekocht – etwa drei Minuten – mit ein paar Fladen Toast aus ungesäuertem Brot. Könntest du mir das Schwarze abkratzen? Danke. Danke vielmals. Wo war ich? Ach ja. Wahrlich, ich sage dir – oh, und äh, mit reichlich Salz bitte, in einem kleinen Häufchen am Tellerrand. Zauberhaft! Nein, nicht zauberhaft. Ich meine – großartig!"

„Wie findest du es?"

Ich schüttelte hilflos den Kopf.

„Großartig, Gerald, aber ich schätze, manche von diesen eher traditionellen Leuten rasten schon bei dem Gedanken aus, Jesus irgendwelche Worte in den Mund zu legen, besonders, wenn sie ein bisschen schnodderig sind."

„Da könntest du recht haben, Paps. Und mit meinem nächsten Beitrag habe ich es womöglich noch schlimmer gemacht."

„Erzähl."

„Nun ja, Mrs. Duphrane – das ist diese große, dünne, sehr aristokratisch wirkende Frau, die immer diese teuren Sachen in Herbstfarben anhat –, also, sie und ich haben uns vor ein paar Wochen über König Salomo unterhalten und was der für ein elender alter Jammerlappen gewesen sein muss, wenn man sich manches von dem anschaut, was er geschrieben hat. Das brachte uns auf den Gedanken, einen Dialog zwischen dem König und seiner Therapeutin zusammenzustellen. Und den haben wir eben im Seminar vorgelesen. Muss irgendwo zwischen den Fidybus-Blättern stecken.

Kannst es dir ja später mal durchlesen. Ich kann dir dazu nur eines sagen – die meisten in meiner Gruppe habe ich wirklich mit der Bibel in gute Laune versetzt. Die anderen werden ihre Bibeln jetzt wahrscheinlich wegschließen, damit ich jene heiligen Seiten nie wieder in die Finger bekomme. Ist schon eine komische Welt, 1 Ziele was, Paps?"

„Zum Totlachen. Aber gib nicht auf."

Nahm Geralds und Nancys Sketch mit, um ihn mir bei einer Tasse Tee und einem Stück Kuchen durchzulesen.

THERAPEUTIN: Okay, wo möchten Sie anfangen?

SALOMO: (*bläst die Backen auf und lässt die Luft ausströmen*) Das ist nicht einfach.

T: Das verstehe ich. Lassen Sie sich Zeit.

S: (*räuspert sich*) Ich bin hier, weil ich mal über – etwas mit jemandem reden muss.

T: (*nickt aufmunternd*) O-o-okay. Dafür bin ich da. Nur zu.

S: Das ist doch, äh, vertraulich, nicht wahr?

T: Absolut vertraulich. Nichts davon wird je dieses Zimmer verlassen, versprochen.

S: Okay, das ist gut, denn wenn Sie irgendjemandem weitererzählen würden, was ich sage, dann müsste ich Sie von ausgehungerten wilden Hunden zerfleischen lassen.

T: (*nickt ergeben*) Das ist Ihr gutes Recht.

S: (*tiefer Atemzug*) Okay. Also, es geht um – es geht um meine Konkubinen.

T: Ihre Konkubinen.

S: Ja. Anscheinend habe ich dreihundert davon. Keine Ahnung, wie man es geschafft hat, so viele an einem

Ort zusammenzupferchen, aber so ist es. Dreihundert Konkubinen.

T: Sie sagen „anscheinend". Heißt das, Sie haben nie tatsächlich – Sie wissen schon?

S: Nein! Ich habe sie nie zu sehen bekommen, nicht einmal von Weitem. Das wollte ich auch nie. Es ist so – von mir wird ja erwartet, dass ich weise und mächtig bin und so – der große König Salomo! Aber ich glaube nicht, dass Konkubinen mich je anmachen werden – jedenfalls nicht auf die Art. Ich kann mir auch gar nicht vorstellen, dass das anderen Leuten anders geht. Ich meine, ich könnte mir schon denken, dass das ganz hübsche Haustiere sein können, aber …

T: Haustiere?

S: Ja. *Eine* davon wäre ja auch nicht schlecht, solange sie zahm ist und einem nicht zu nahe kommt. Ich meine, man will ja nicht gerade hinter einer Konkubine stehen, wenn sie wütend ist, oder? Ich habe gehört, wenn sie sauer sind, feuern sie von hinten ihre Dinger auf einen ab?"

SCHWEIGEN

T: Eure Majestät, was genau verstehen Sie unter einer Konkubine?

S: Was? Genau dasselbe wie Sie natürlich. Wie jetzt – soll ich Ihnen das jetzt etwa erklären?

T: Ja bitte, wenn es Ihnen nichts ausmacht.

S: Na schön. Schauen wir mal. Konkubine. Also, das ist ein Säugetier. Äh, lebt von Insekten und so – glaube ich. Ungefähr einen halben Meter lang. Lange dünne

Röhrennase. Mit langen Stacheln bedeckt. Das ist so ziemlich alles, was ich weiß.

SCHWEIGEN

T: Haben Sie einen Ausweis bei sich?

S: Nein, hören Sie, ich bin es wirklich. Ich bin der weise König Salomo. Sie mögen es vielleicht nicht glauben, aber ich bin es. Wieso? Was habe ich denn gesagt?

T: Eure Majestät, eine Konkubine ist eine Frau. Eine ganz normale Frau. Sie haben dreihundert schöne Frauen, die alle für Sie bereit sind und darauf warten, dass Sie – Sie wissen schon. Ich glaube, Sie haben sie vielleicht mit Porcupinen verwechselt. Auch Stachelschweine genannt.

S: (*enorm überrascht und erleichtert*) Ach sooooooo! Na, das erklärt so manches. Und ich habe mich immer gewundert, wieso alle meinten, ich müsste ganz begeistert davon sein, dreihundert stachelige Ameisenfresser zu haben – ich meine, das war schon komisch. Bin ich froh, dass ich jetzt Bescheid weiß! Ich habe mir nämlich immer Sorgen darum gemacht, was ich mit ihnen machen sollte, wenn – Sie wissen schon – wenn ich je dort hineeininge. Deswegen bin ich auch nie gegangen. Hin und wieder sagte einer meiner Diener: „Ihre Konkubinen erwarten Sie, Sire." Und ich sagte: „Und was soll ich mit denen machen?" Und dann sagten die immer: „Haben Sie Ihre Lust an ihnen, Eure Majestät", und dabei haben sie mir immer zugezwinkert und sich gegenseitig mit den Ellbogen in die Rippen gestoßen. Und ich habe dann gesagt: „Also, eigentlich glaube ich nicht, dass ich dazu Lust habe, mit den ganzen Stacheln und so." (*Nach kurzem Überlegen*) Meine Güte, von wegen weise, die müssen mich ja für vollkommen durchgeknallt gehalten haben!

T: Und Sie meinen, das jetzt zu wissen ist eine Hilfe für Sie?

S: Aber ja doch! Jetzt kann ich mein Leben wieder anpacken. Ich habe mich ja die ganze Zeit so was von unzulänglich und niedergeschlagen gefühlt. Sie glauben ja nicht, was für einen depressiven Stuss ich zu Papier gebracht habe. Meine Güte! Mein nächstes Buch zum Beispiel wirkt sehr düster. Schauen Sie, ich habe es dabei. Ich dachte mir, ich werde es „Der Prediger" nennen. Wie finden Sie den Titel?

T: Brillant, Eure Majestät!

S: Und das sagen Sie nicht nur, damit ich Sie nicht von ausgehungerten wilden Hunden zerfleischen lasse?

T: Lieber Himmel, nein. *Brillanter* Titel!

S: Dann ist es ja gut. Bisher habe ich Folgendes geschrieben:
Ja, alles ist vergänglich und vergeblich,
sagte der Prediger,
alles ist sinnlos,
wenn man seine Zeit mit aggressiven
Stacheltieren verbringen soll.
Nach dem, was Sie mir jetzt gesagt haben, werde ich die letzte Zeile wohl streichen. Das Gute ist, immerhin gibt es ja noch reichlich andere Dinge, über die man unglücklich sein kann. Haschen nach Wind. Alles ist Mühsal. Alles Fleisch ist Gras. Das sind drei der Themen, auf die ich zu sprechen kommen wollte. Wie finden Sie das?

T: (*seufzt*) Ich glaube, wir sollten lieber für nächsten Dienstag einen neuen Termin machen. Unermesslicher

Reichtum, absolute Macht und übernatürliche Weisheit. Ach ja, und dreihundert Konkubinen nicht zu vergessen! (*trocken*) Versuchen Sie, positiv zu bleiben.

Manchmal wünschte ich, ich wäre Gerald. Aber gelegentlich bin ich auch heilfroh, dass ich nicht er bin.

War leicht entsetzt, als sich nach dem Tee, beim Vorbereitungstreffen für die morgige Abendmahlfeier, Minnie Stamp neben mich setzte. Beschloss, sie zuerst nach ihren Ideen zu fragen, damit wir das hinter uns hatten. Gab mir wieder alle Mühe, mich neutral, gelassen, selbstsicher und zufrieden anzuhören, jedoch ohne große Hoffnung.

„Okay, Minnie, fangen wir mit dir an. Hast du irgendwelche Ideen?"

Sie streichelte mir mit einer schlaffen Flosse über den Arm und reagierte, als wäre ich zu einem neurotischen Häufchen Elend zusammengebrochen.

„Schau mal, es wird alles gut, Adrian, ehrlich. Ganz, ganz großes Indianerehrenwort."

Sie stieß ein perlendes Lachen aus und schaute in die Runde.

„Wir stehen alle voll hinter dir. Wir sind alle Adrian-Fans, oder etwa nicht? Lasst uns alle Adrian einen kleinen Applaus spendieren, damit er sieht, wie sehr wir ihn schätzen."

Oh *nein*!

Peinliches, dünnes Geklatsche von den zwangsverpflichteten „Adrian-Fans". Beherrschte mich mühsam. Nahm die Ermutigung mit einem Queen-Elizabeth-Winken entgegen.

„Gut! Okay. Danke. Was hast du für eine Idee, Minnie?"

„Ja, also", sagte Minnie und tätschelte sich vor Aufregung ihre knochigen kleinen Knie. „Ich möchte etwas vorschlagen, was richtig super und toll und geistlich ist. Wir machen Folgendes

– wir besorgen uns Papier und schneiden Blattformen aus, und
die malen wir dann alle grün an. Oder wir könnten uns auch
gleich grünes Papier besorgen und die Blätter daraus ausschnei-
den. Dann hätten wir uns die Mühe gespart, jedes Blatt einzeln
anzumalen, wisst ihr. Und dann nehmen wir die grünen Blätter und schreiben auf jedes den Namen von jemandem, den
wir überhaupt nicht leiden können. Wisst ihr, jemand, den wir
verabscheuen, obwohl wir ihn gar nicht verabscheuen wollen.
Denn eigentlich will ja keiner von uns irgendjemanden verabscheuen, nicht wahr? Wir wollen die Leute alle ganz doll lieb
haben, so wie wir Adrian ganz doll lieb haben. Wir wollen sie
nicht verabscheuen."

Du kommst als Erste auf mein Blatt, dachte ich. Sagte es natürlich nicht laut.

„Und wenn wir alle Blätter mit den Namen von Leuten,
die wir verabscheuen, zusammen haben, dann hängen wir
sie während des Gottesdienstes an so eine Art Baum, und das
wird dann unser Abscheubaum. Ein Baum voller Leute, die wir
verabscheuen. Und dann verbrennen wir den Baum – wir verbrennen die Leute, die wir verabscheuen. Das heißt, eigentlich
verbrennen wir nicht die Leute, die wir verabscheuen. Das wäre
falsch. Wir verbrennen nur die Blätter mit ihren Namen darauf,
also verbrennen wir sozusagen den Abscheu. Wir verbrennen
den ganzen Abscheu, bis er ga-a-a-anz verschwunden ist. Denn
wisst ihr, wenn wir den Abscheubaum verbrannt haben, ist der
ganze Abscheu weg, weil – weil wir ihn ja verbrannt haben. Das
ist total geistlich und – und unheimlich geistlich. Ich habe damit schon ganz tolle Erfahrungen gemacht. Ich habe inzwischen
sogar richtig Mühe, jemanden zu finden, den ich auf mein Blatt
schreiben kann, wenn ich das mache, weil – wisst ihr, weil schon
so viel von dem Abscheu weg ist. Alles verbrannt."

Atemloses Kichern.

Kurzes, deprimiertes Schweigen.

Schließlich stützte sich Dennis, der auf einer Luftmatratze lag, auf einen Ellbogen auf und sagte: „Vielen Dank, Minnie. Ich weiß nicht, wie Adrian darüber denkt, aber ich finde, wir sollten uns diese Idee für später aufheben, wenn wir alle wieder in unseren eigenen Gemeinden sind und die Leute sich sicherer fühlen, weißt du, weil sie sich untereinander alle kennen. Was meint ihr?"

Minnie schob ihren Kopf vor wie eine kurzsichtige Schildkröte und sah mich mit einer lächerlich übertriebenen Miene respektvoller Unterordnung an.

„Ich glaube", sagte sie, „wir sollten nicht vergessen, dass *Adrian* dafür verantwortlich ist, den Gottesdienst zu planen, nicht wahr, Adrian?"

„Äh, ja, ja …"

„Und wir respektieren dich alle sehr."

Sie schwenkte ihren Finger vor dem Gesicht hin und her wie einen kleinen Scheibenwischer.

„Und *du*" – das letzte Wort hörte sich an, als hätte es mindestens drei Silben, und ihr Tonfall war lockend und verschwörerisch – „*du* musst endlich mal lernen, dich selbst auch zu respektieren."

Dann ließ sie wieder die Truppen aufmarschieren.

„Nicht wahr, Adrian-Fans?"

Wurde durch Josey davor bewahrt, einen Mord zu begehen. Sie wurde plötzlich von einem Lachanfall gepackt, der sich irgendwie durch ihre Nase seinen Weg ins Freie bahnte, sodass sie mit Taschentüchern gerettet werden musste, die wir von einer der Gebetsstationen entwendeten. Letzten Endes wurde

Minnies schauderhafte Idee zu den Akten gelegt. Das war noch einmal gutgegangen.

Ein sehr guter Vorschlag von Donald Fitley. Er hatte Pater John schon einmal irgendwo sprechen hören, und es sei großartig gewesen.

„Vielleicht ist es schon zu spät, ihn darum zu bitten", sagte er, „aber warum sollten wir ihn nicht einsetzen, wenn er schon einmal hier ist? Wir haben ja noch niemanden für den Sonntagvormittag. Wie wär's, wir fragen Pater John, ob er Lust hätte, nach dem Frühstück eine halbstündige Frage-Antwort-Runde zu machen und dann im Gottesdienst eine Kurzpredigt zu halten?"

Dennis schob seine RayBan-Sonnenbrille hoch und kam gerade lange genug zu Bewusstsein, um zu sagen, er mache gerne Platz, wenn Pater John damit einverstanden sei, zumal er auch noch gar nichts vorbereitet habe. Und ich sagte, ich fände die Idee fantastisch, solange Pater John nichts dagegen habe. Alle Adrian-Fans stimmten zu, ohne das Bedürfnis zum Applaudieren zu verspüren.

Danach lief alles wie am Schnürchen.

Machte Pater John ausfindig und fragte ihn, ob er Lust hätte, ganz spontan den Vormittag und die Predigt zu übernehmen.

„Fragen beantworten ist kein Problem", erwiderte er. „Ich kann das Blaue vom Himmel heruntererzählen, solange die Leute mir die Bälle zuwerfen. Ich werde mein Bestes tun, aber nur, wenn ich Ihnen allen auch eine Frage stellen darf. Einverstanden?"

„Einverstanden."

Ertappte mich plötzlich dabei, mich auf diesen Programmpunkt zu freuen. Pater John hat so eine Art, nie die Richtung einzuschlagen, die man erwartet. Kann einen manchmal ein bisschen aus der Fassung bringen, aber wie Anne immer sagt: Wenn er redet, ist alles voller Liebe.

„Und ich glaube, eine kleine Ansprache kriege ich auch noch hin. Welches Thema?"

„Dasselbe wie das ganze Wochenende – ‚Wo bleibt die Liebe?'. Eigentlich dürfen Sie sagen, was Sie wollen. Ich weiß, ich komme lächerlich spät mit der Bitte, aber ich bin sicher, der Heilige Geist wird Ihnen etwas zu sagen geben."

Pater John schmunzelte.

„Der Heilige Geist? Oder das Adrenalin? Obwohl ja das Adrenalin von Gott erfunden wurde. Hmm. Vielleicht die Ansprache, die 1957 in Devizes so gut angekommen ist? Die zuverlässige alte Mischung aus Furcht und Eitelkeit? Irgendetwas wird sich schon ergeben, Adrian. Danke. Ja, das mache ich gern für Sie."

Ausgezeichnet!

Um viertel vor sechs Feedbackrunde mit allen Mitgliedern beider Gemeinden, um zu hören, wie die Leute das Schweigemahl fanden. Mir graute davor.

Mehrere Kommentare zur merkwürdigen Musikauswahl. Hat mich nicht sehr überrascht. Wie konnte Vernon Farmer nur auf den dämlichen Gedanken kommen, der Radetzky-Marsch auf dröhnender Lautstärke könnte als inspirierende, geistliche Musik aufgefasst werden? Als ich daraufhin (schweigend) zu ihm hinübereilte und ihm zuzischte, er möge doch etwas Ruhigeres und Geistlicheres auflegen, spielte er zwei düstere Leonard-Cohen-Songs, gefolgt von einer griesgrämig geleierten Bob-Dylan-Nummer, die so anfing:

Congratulations, for breaking my heart,
Congratulations, for tearing me apart …

Duncan Whitton erwähnte das und merkte höflich, aber bestimmt dazu an, er hätte sich nie zum Essen hingesetzt, wenn er gewusst hätte, dass es dazu Musik geben würde, die hervorragend geeignet wäre, um sich dabei aufzuknüpfen.

Vernon verteidigte sich, es sei nicht seine Schuld gewesen. Er habe den Titel gesehen und gedacht, der Song sei von Cliff Richard.

Daraufhin warf Mrs. Duphrane ein, sie sei froh, dass das nicht der Fall gewesen sei. Es wäre sonst schwierig gewesen, gleichzeitig zu essen und sich zu übergeben, und das auch noch schweigend.

Empörte Proteste von mehreren beleidigten Cliff-Richard-Fans in unserer Gemeinde. Eine Frau darunter sagte, ihrer Meinung nach sei Cliff Richard nicht nur der beste christliche Sänger der Welt, sondern der beste Sänger jedweder Art in der gesamten Musikgeschichte.

Worauf Mrs. Duphrane erwiderte, in diesem Fall müssten wohl sämtliche anderen christlichen Sänger auf der Welt plötzlich gestorben oder in den Himmel entrückt worden sein. Es sei doch eine Erleichterung, zu hören, dass Gott so guten Geschmack bewies, wenn er wählte, wen er im Himmel bei sich haben wollte.

Aufruhr. Als er sich endlich legte, fragte ich, ob es noch weitere hilfreiche Beobachtungen zu den musikalischen Aspekten des Schweigemahls gebe. Der einzige weitere Kommentar kam von Cameron, der meinte, es wäre alles viel besser gelaufen, wenn ich meine schöne Aufnahme von der Cover-Version von „Kum Ba Yah" von den Sex Pistols mitgebracht hätte. Alberner Lümmel!

Recht negativer Beitrag von Mrs. Struthers, einer älteren Dame, die genauso aussieht wie Bessie, Billy Bunters dicker Schwester mit den Glasbausteinen auf der Nase und den

Sahneröllchen auf dem Kopf, und zwar auf einem alten Bild. Sie beschwerte sich säuerlich über einen Kindertisch, der es geschafft habe, genau so viel Durcheinander anzurichten wie sonst, auch ohne irgendetwas zu sagen.

Ist was Wahres dran. Einmal hatte ich selbst gesehen, wie Eamonn Cluskey mit konzentrierter Energie das Gesicht seines kleinen Bruders Patrick in einen halb vollen Teller Shepherd's Pie drückte und dann, als sein Opfer prustend und erbost wieder hochkam, mit dringlicher, gespielter Beflissenheit und unverwässert boshafter Freude den Finger an die Lippen hielt, um ihm zu bedeuten, Sprechen sei nicht erlaubt. Daraufhin warf ihre Mutter Polly Cluskey ihre Serviette auf den Tisch, stand unter gewaltigem Kratzen der Stuhlbeine auf den Steinfliesen auf und marschierte mit fest zusammengepressten Lippen quer durch den Speisesaal, um sich der schwierigen Aufgabe zu widmen, durch lautlose, aber umso wütendere Mimik und Gestik den beiden Brüdern zu verstehen zu geben, wenn sie sich nicht benähmen, müssten sie nach dem Abendessen sofort ins Bett.

Vor Empörung nach Luft schnappend, stach Patrick mit seinem stumpfen Dolch von einem Finger auf die Brust seines selbstgefällig grinsenden großen Bruders ein und prangerte mit heftigen, aber lautlosen Mundbewegungen diese bodenlose Ungerechtigkeit an. Die arme Polly stand für einige Augenblicke da, den Kopf nach vorn geschoben, die Hände auf den Hüften, und versuchte durch die schiere bebende Starre ihres Körpers zu vermitteln, wer auch immer damit angefangen habe, es müsse jetzt sofort aufhören! Kaum hatte sie sich abgewandt, schnappte sich Eamonn den anklagend stochernden Finger seines Bruders, rammte die lästige Extremität mit Wucht in ein Käsebrötchen und tauchte das Ganze sodann in eine Wasserkaraffe.

Mir kam der Gedanke, dass Polly sich letzten Endes wohl frühzeitig ins Bett begeben würde.

Ob wir nicht daran gedacht hätten, wollte Mrs. Struthers wissen, dass es wenig nütze, den Buchstaben des Gesetzes einzuhalten, wenn dabei das eigentliche Anliegen der Regel auf der Strecke blieb?

Überraschenderweise stimmte Pater John ihr zu und fuhr fort, es sei so ähnlich wie bei der Vergebung.

„Jeden Sonntag", erklärte er, „sprechen wir Worte, die uns Jesus in seiner Freundlichkeit als Beispiel hinterlassen hat, wie wir beten können. Und mit einer Zeile dieses Gebetes bitten wir Gott, uns nur in dem Maß zu vergeben, in dem wir anderen vergeben. Nun hätte es ja wenig Sinn, diese Worte jede Woche nachzuplappern, wenn wir nicht die Absicht hätten, sie auch in die Tat umzusetzen, oder? Nehmen wir zum Beispiel an, diese Dame hier – wie ist Ihr Vorname, liebe Schwester?"

Es gab eine kurze Pause, während der (wie Gerald es später ausdrückte) Mrs. Struthers ihren Vornamen aus der staubigen alten Truhe hervorkramte, in der sie ihn aufbewahrte.

„Mein, äh, mein Vorname ist Enid", erwiderte sie. Ihre Augen öffneten sich dabei ein bisschen weiter als sonst.

„Ja, danke, nehmen wir einmal an, Sie, Enid, würden Eltern wie Polly, die wirklich und wahrhaftig ihr Bestes tun, um gute Mütter und Väter zu sein, statt liebe- und verständnisvoll hart und unversöhnlich begegnen und dafür sorgen, dass ihnen eine solche Sache noch unangenehmer wird, als es ohnehin schon der Fall ist. Stellen Sie sich das nur einmal vor! Da könnten Sie es sich doch gleich sparen, dieses Gebet sonntags zu sprechen, oder? Nein, nein, ich bin Ihnen sehr dankbar, dass Sie uns darauf hingewiesen haben. Das Gesetz ist ja nur ein Gerüst für die Liebe, nicht wahr? Und wenn wir eines Tages damit fertig sind, unser

Haus der Liebe zu bauen, wird Gott das Gerüst wegnehmen, und das Haus wird ganz allein stehen können. Vielen Dank, Enid."

Mrs. Struthers machte ein etwas benommenes Gesicht und sagte nichts mehr.

Die gewaltige Mrs. Danby-Carstairs aus Geralds Gemeinde erhob sich majestätisch, deutete dramatisch auf den winzigen Mr. Fitley aus unserer Gemeinde und klagte ihn an, sie während des Essens fixiert und anzügliche Kopfbewegungen in Richtung einiger Büsche direkt vor dem Speisesaalfenster gemacht zu haben. Mr. Fitley, in dessen Miene Schock, abgrundtiefes Entsetzen und bodenlose Empörung um die Oberhand rangen, geriet vor Leidenschaft ins Stammeln, als er den Vorwurf bestritt. Er habe lediglich um das Salz bitten wollen und sei nicht sicher gewesen, wie man das anstellt, wenn man nichts sagen darf.

Für den Augenblick beschwichtigt, ließ sich Mrs. Danby-Carstairs langsam wieder auf ihren leidgeprüften Stuhl sinken, doch ihr Gesicht ließ keinen Zweifel an ihrer Bereitschaft, sich jederzeit durch weitere Stürme ungebührlichen Betragens zu schaumgekrönter Brandung aufpeitschen zu lassen.

Norman Fellows, der am selben Tisch gesessen hatte wie Mrs. Danby-Carstairs, zeigte sich plötzlich sehr erregt und sagte, er schulde Mr. Fitley eine Entschuldigung für seine unausgesprochene Interpretation einer Geste, mit der Mr. Fitley die von Mrs. Danby-Carstairs beanstandeten Kopfbewegungen begleitet hatte, und die, wie er jetzt erkenne, lediglich den Gebrauch eines Salzstreuers andeuten sollte.

Fragte Norman, was er meine.

Er wurde puterrot und wollte nichts mehr sagen.

Also ehrlich! Kein Wunder, dass die Kommentare im Großen und Ganzen negativ ausfielen. Das war wohl nichts mit dem beredten Blickkontakt, von dem Denver

Hat-keine-Ahnung-wovon-er-redet-und-sollte-lieber-keinen-solchen-Blödsinn-mehr-schreiben Mountainberger in seinem schwachsinnigen Buch so geschwärmt hatte. Warum passieren diese umwerfenden geistlichen Erfahrungen immer nur anderen Leuten?

Es erinnerte mich stark an „Lasst Gott herniederfahren und Wunder des Wachstums wirken", das große christliche Festival, das früher immer unten in Wetbridge stattfand, wo einmal unser Zelt vom Wind weggeweht wurde. Alle anderen kamen immer ganz begeistert von ihren Seminaren zurück und sagten: „Wow! Da hättet ihr dabei sein müssen, unbedingt! Gott hat wirklich auf ganz mächtige Weise unter seinem Volk *gewirkt*! Lauter Heilungen und Manifestationen und fantastische Prophezeiungen und Leute, die vom Geist niedergestreckt wurden, und – und wow! Ihr hättet dabei sein müssen!"

„Wie schön", erwiderten wir dann kleinlaut. „Bei uns war es auch sehr interessant. Wir waren bei einem sehr schönen Vortrag über die Reorganisation hierarchischer Strukturen im post-evangelikalen städtischen Anglikanismus. Wisst ihr, mit ganz vielen Diagrammen und schwarzen Markierstiften und allen möglichen tollen Sachen."

„Und hat Gott da auch so richtig unter seinem Volk *gewirkt*?"

„Äh, nun ja, speziell jetzt bei diesem Seminar war sein Volk vielleicht nicht übermäßig lebhaft. Waren ja alle eifrig dabei, sich Notizen zu machen und so. Aber doch, ja, ich bin sicher, er muss auch da ein bisschen, äh, gewirkt haben …"

Bei solchen Gelegenheiten sagte Anne immer: „Ja, aber die Frage ist doch: Hat Gott uns etwas vorenthalten oder uns vor etwas beschützt?" Gerald lachte immer darüber, und ich lachte mit, auch wenn ich nicht wusste, wie sie das meinte.

Für mich war das jedenfalls das letzte Schweigemahl. Radetzky! Ich bitte Sie …

Fand nach der Feedbackrunde ein bisschen ungestörte Zeit mit Anne. Fragte sie, ob sie je den Eindruck hätte, dass Mrs. Duphrane absichtlich provozierte. Sie warf ihren Kopf in den Nacken und schüttelte sich vor Lachen.

Wieso?

Fragte sie, was denn an meiner Frage so maßlos erheiternd sei.

Sie sagte: „Ich finde sie wunderbar – unglaublich witzig. Aber sie ist einsam, Schatz, und gelangweilt. Jeder braucht ein Hobby, nicht wahr?"

Ist das so? Tat so, als wüsste ich, wovon sie redete.

7 SAMSTAGABEND

Nach dem Abendessen räumte Karina an unserem Nebentisch das benutzte Geschirr ab. Als sie mich sah, lächelte sie, hob ein Glas hoch, in dem noch ein Rest Apfelsaft war, wackelte mit den Hüften und rief: „Kucken Sie! Sieht aus wie Schlempe!"

Gerald und Cameron wechselten einen Blick und beugten sich dann neugierig in meine Richtung. Sagte nichts.

Schließlich sagte Cameron: „Opa, wie wär's, wir holen uns jetzt einen Kaffee und setzen uns gemütlich in die Lounge, und dann kannst du uns in aller Ruhe erklären, warum ein Mädchen aus Lettland vor dir die Hüften schwingt und irgendwas von Schlempe erzählt."

Brachte einfach nicht die Energie auf, es auch nur zu versuchen. Ich kenne das. Soll Anne es ihnen erzählen. Das wird ihr Spaß machen.

Anruf von Leonard kurz nach dem Abendessen. Angels hat sich mit der Frau im Navi völlig überworfen und weigert sich, mit ihr im selben Auto zu sitzen, besonders nach dem „Zwischenfall auf dem Acker". Offenbar beschwert sich Angels, dass „Katys" Ton immer herrischer und sarkastischer wird, je länger die Reise dauert, und das will sie sich nicht länger bieten lassen. Gestern, nachdem Katy zum dritten Mal „Hier ausfahren" befohlen hatte, und bevor Leonard seine vierte Runde um den Verkehrskreisel in Scotch Corner begonnen hatte, habe Angels gerufen: „Wir haben alle dünne Nerven vor unseren Tagen, Schätzchen, aber du willst doch ein Profi sein, oder?"

Versuchte zu erläutern, dass „Katy" nur eine vom Computer erzeugte Stimme ist, doch Leonard erwiderte: „Ja, ich weiß, aber alles, was recht ist, Adrian, es gibt haufenweise Leute, die vom Computer erzeugt sind, und ich wünschte von Herzen, sie könnten im Leben die gleichen Startchancen haben wie wir, aber das ist doch keine Entschuldigung dafür, mehr und mehr miese Laune zu verbreiten, oder?"

Irgendjemand sollte Tagesausflüge zum Planeten Thynn organisieren.

Fragte ihn noch, wieso sie eigentlich in Scotch Corner waren, wo sie doch eigentlich hundert Meilen weiter südlich hätten sein sollen, aber in dem Moment brach die Verbindung ab. Muss wohl einfach warten, bis er sich wieder meldet.

Ganz kurze, aber zutiefst beunruhigende SMS von Leonard, kurz bevor der bunte Abend beginnen sollte. Er fragte, „nur für den Fall, dass es notwendig wird, das zu wissen", auf welcher Straßenseite man in Holland fährt. Da will Katy es wohl jemandem heimzahlen, schätze ich. (Was rede ich da? Es ist immer ein äußerst schlechtes Zeichen, wenn ich mich zu tief in Thynns seltsame Welt hineinbegebe.) Ob ich die beiden jemals wiedersehen werde? Wer weiß.

Der bunte Abend sollte um acht beginnen. Mir graut immer vor diesen abscheulichen Veranstaltungen, wenn sie auf Gemeindefreizeiten stattfinden, auf denen ich Referent bin. Sie dauern immer ungefähr drei Tage, und um an irgendetwas davon seinen Spaß zu haben, ist es nahezu unerlässlich, dass man genau weiß, warum es so zum Brüllen komisch für alle ist, wenn der gute alte George mit seinem Schnurrbart mit einer Gasmaske aus dem Zweiten Weltkrieg vor dem Gesicht nach vorn tritt und verkündet, er werde nächsten Freitag nach Croydon umziehen.

Das heißt, streichen Sie das, wahrscheinlich ist es auch nicht viel witziger, wenn man es weiß.

Ein Punkt, den ich Richard zuvor während des Tages energisch deutlich gemacht hatte, war, dass er sich nicht von irgendwelchen Eltern dazu beschwatzen lassen solle, ihre Kinder während des bunten Abends Musikstücke vortragen zu lassen, falls sie sich nicht spätestens bis zum Nachmittag dazu angemeldet hatten. Vor allem müsse er dafür sorgen, dass sie nicht alle dasselbe Stück spielen wollten.

„Falls wir", sagte ich streng, „dieselbe scheußliche Melodie mehr als höchstens zwei Mal über uns ergehen lassen müssen, werde ich dich persönlich dafür verantwortlich machen und dich vermutlich in den Himmel schicken, bevor es Mitternacht schlägt. Habe ich mich klar ausgedrückt?"

„Oh ja, natürlich", sagte Richard. „Ich versichere dir, ich werde mein Bestes tun."

„Sie werden auf dich zukommen, kurz bevor es losgeht", warnte ich düster. „Leute, die sich in der Vergangenheit immer vernünftig und angenehm und christlich verhalten haben, werden dich anflehen und beschwatzen und bedrohen, damit sie ‚nur noch ein winzig kleines Pünktchen' zum Programm hinzufügen dürfen. Und dann wirst du sagen – was, Richard? Was wirst du sagen?"

„Äh, ich werde sagen: ‚Sehr nett von Ihnen, danke für das Angebot, aber …'"

„Nein, das wirst du nicht sagen, Richard, denn wenn du das tust, werden sie dich einfach plattwalzen und machen, was sie wollen. Was du sagen musst, ist Folgendes: ‚Nein! Auf keinen Fall! Es ist zu spät.' Klar?"

„Äh, klar. Ja, ja, völlig klar."

Kurz vor Beginn ging ich zu Richard, der nervös hinten in der Hexagonal Lounge stand, und flüsterte ihm zu: „Alles klar?"

„Ja, ja, alles bestens, Adrian. Es kann gleich losgehen, glaube ich."

„Keine zusätzlichen Programmpunkte?"

„Nein – na ja, nur zwei oder drei kleine Zusätze. Aber nur Kleinigkeiten. Ganz winzige Kleinigkeiten."

„Hmm …"

Stand ziemlich unter Strom, als Cameron kurz nach Beginn nach vorn ging, um sein Quiz zu machen. Aber ich entspannte mich, als er ankündigte, dabei ginge es um ein bekanntes christliches Buch. Mit einem Thema wie christliche Literatur konnte ja wohl nicht viel schiefgehen, dachte ich mir.

Cameron bat Sheridan Salmons, nach vorn zu kommen und sich vor das Publikum zu stellen.

„Also, Mr. Salmons", sagte Cameron. „Gleich werden Sie hinter sich ein Geräusch hören, und dann müssen Sie erraten, welches berühmte christliche Buch es darstellt."

Sah Joy Venables mit einer aufgepusteten braunen Papiertüte in der Hand an der Seitenwand des Saals entlang nach vorn schleichen. Diese Tüte brachte sie direkt hinter Mr. Salmons' Ohr mit einem gewaltigen PENG! zum Platzen. Ich meine, gesehen zu haben, dass er mit beiden Füßen vom Boden abhob, ehe er wieder landete und sich umdrehte, um zu sehen, was hinter ihm los war.

„Aha!", sagte er und wandte sich mit einem freudigen Lächeln und offenbar unbeschadeter Würde wieder zum Publikum. „*Surprised by Joy*. Ein Klassiker von Lewis. Sehr gut, mein Junge."

Stürmischer Applaus. Ich fand, Cameron hatte Glück, dass er sich keine Kopfnuss eingefangen hatte. Wie in aller Welt hatte er

Joy dazu überredet, so etwas zu machen? Wie der Vater, so der Sohn, schätze ich.

Nächstes Mal kann jemand anders die Witze beim bunten Abend übernehmen. Ist schon eine ziemliche Nerverei, wenn man nicht im Voraus weiß, was für Witze kommen. Das Problem ist: Was für den einen ein saukomischer Witz ist, ist für den nächsten ein Anlass tiefster Empörung. Und bei Christen kann man nie wissen. Manchmal lachen sie sich über Dinge, die alle Tabus zu sprengen scheinen, kaputt, und dann wieder setzen sie aus geringfügigstem Anlass steinerne, missbilligende Mienen auf.

In Geralds Gemeinde gibt es einen dicklichen, rotwangigen Mann in mittleren Jahren namens Reg Dinsley. Das war derjenige, der am Nachmittag das Pool-Turnier organisiert hatte. Ich war ihm schon vorher hier und da begegnet. Erinnert mich ein bisschen an Annes Onkel Ralph, der inzwischen von hinnen geschieden und in jene Abteilung der Ewigkeit eingegangen ist, in der Witze über Zäpfchen und Hunde, die Kondome gefressen haben, am besten aufgehoben sind, um nur zwei seiner Lieblingsthemen zu nennen. Es gab Momente, da hätte Roy Chubby Brown neben Onkel Ralph ausgesehen wie Mutter Teresa.

War einigermaßen entsetzt, als auf meine Frage, ob jemand einen Witz zu erzählen hätte, Dinsley als Erster nach vorne gewalzt kam.

Ich sagte: „Aber schön sauber bliebn, ja, Reg?" Sollte sich christlich-verwegen-kumpelhaft anhören, klang aber stattdessen eher schrill und nach zugeschnürter Kehle.

„Okay", sagte Dinsley, „hier ist einer zum Aufwärmen! Haben Sie von dem fröhlichen Heimat- und Geschichtsverein gehört? Die Leute da sind alle HGV-positiv! Hahahaha!"

Bemühte mich, Geräusche von mir zu geben, in denen sich milde Erheiterung, reife Missbilligung, die Hoffnung, die Leute würden sich Reg Dinsley gegenüber tolerant zeigen, damit er auch eines Tages ins Reich Gottes gezogen würde, und die fröhliche Zuversicht, dies sei der letzte Witz dieser Art, den wir an diesem Abend zu hören bekommen würden, miteinander verbanden. Funktionierte nicht ganz. Gerald erzählte mir hinterher, die Worte und Laute, die aus meinem Mund kamen, hätten ihn so fasziniert, dass er sie sich aufgeschrieben habe. Er zeigte mir den Zettel.

„Tscha! Hmm … nun ja! Ich glaube nicht – aaah … So. Okay. Ve-e-e-erstehe. Ähm …"

Wie nett von ihm, dass er sich die Mühe gemacht hat.

Der nächste war auch nicht viel besser. Ein unendlich langer Witz, erzählt von einem unfassbar dicken Mann, der Tagesgast in Scarleeswanvale war und eigentlich bei unserer Veranstaltung gar nichts zu suchen hatte. Der Witz endete damit, dass der Mann eine grauenhaft anschauliche Pantomime aufführte, bei der er mit seinem Hintern ein Toffee kaute. Ich habe sowieso schon eine kleine Sammlung grausiger Bilder, die ich nie wieder aus meinem Kopf herausbekomme. Noch eines hätte ich nicht gebraucht.

Gerald hatte ein paar Gedanken zu Sport treibenden Christen.

„Tennisspieler", verkündete er mit ominöser Selbstsicherheit, „eignen sich nicht gut als Christen. Warum nicht? Weil ihnen ‚Love' nichts bedeutet."

Stöhnen allenthalben.

Außerdem erklärte er, warum Basketballspieler in christlichen Gemeinden so gerne gesehen sind. „Ganz einfach", sagte er, „weil sie gerne mal was in den Korb legen."

Wurde ein bisschen knifflig, als ein kleines Mädchen namens Sadie nach vorn kam und voller Stolz verkündete: „Ich habe ein

Annamagramm für Sarah und Megan gemacht, die vormittags mit Anne immer die Kinderstunde mit uns machen. Darf ich das allen erzählen?"

Blickte auf und sah hinten im Saal die Gesichter der beiden Todesengel wie bleiche Monde im Dämmerlicht.

Mir wurde ein bisschen unbehaglich. „Oooh, das ist aber schön! Du hast also ein …"

„Annamagramm."

„Ein An-a-gramm", korrigierte ich sie im passenden onkelhaft belehrenden Ton.

„Ja, ein Am-a-Gramm für Sarah und Megan."

„Na schön, dann mal los. Das würden wir alle gerne hören, nicht wahr?", wandte ich mich ans Publikum.

Zustimmendes Gemurmel ringsum.

„Ihr wollt sie doch bestimmt auch hören, nicht wahr, Sarah und Megan?"

In dem Abgrund des Schreckens hinten im Saal, in dem Sarah und Megan saßen, braute sich ein bedrohliches Unwetter zusammen. Indessen reagierte das übrige Publikum weiter mit seinem üblichen Kopfnicken und seinen Kuhstimmenimitationen.

„Mmm! Mmm! Mmm!"

Sadie schaute auf den Zettel in ihrer Hand. Dann blickte sie wieder auf und sagte fröhlich und unerschrocken:

„Also: Sarah Pile ist ein Amagramm für ‚Lepra-Hasi', und Megan Stride ist ein Amagramm für ‚Made grinste'."

Ein Moment allgemeiner Lähmung, gefolgt von nervös plätscherndem Applaus. Spürte durch und durch die eisig bösen Blicke der Nichten von Onkel Fester aus den wabernden Schatten am hinteren Ende des Saals. Nur gut, dass Anne sich da eingeschaltet hat. Wie im Namen Beelzebubs sind wir nur an diese Furcht einflößenden Frauen geraten?

Adam Baxter aus unserer Gemeinde ist neunzehn Jahre alt, rappeldürr, frisch bekehrt und voller Begeisterung. Kam nach vorn und verkündete aufgeregt, er habe die halbe Nacht lang einen christlichen „Rap" geschrieben, den ihm der Heilige Geist mehr oder weniger direkt in die Feder diktiert habe.

Warum sackt mir immer das Herz wie ein Stein in die Hose, wenn ich Leute so etwas sagen höre?

„Also, ich finde", sagte Adam atemlos, „wir in der Kirche sollten ebenso guten Rap und so Zeug machen wie die nichtchristlichen Rapper, so wie dieser Typ, der sich nach den bunten Schokoladenlinsen nennt."

Ratlose Blicke hin und her im Publikum.

„Ich glaube, er meint Eminem", stöhnte Gerald, der sich die Hände über den Kopf hielt, als ob gleich etwas furchtbar Schweres auf ihn herabstürzen würde.

Ich fand Adams Vortrag ziemlich merkwürdig. Vielleicht liegt es daran, dass ich Rap nicht verstehe. Er machte irgendwelche komischen Bewegungen mit den Händen, mit denen er vor seinem Gesicht hin und her fuchtelte und dabei mit den Fingern ein Handzeichen machte, das unerklärlicherweise so ähnlich aussah wie der Pfadfindergruß. Außerdem hörte er sich, je länger der Rap dauerte, immer mehr an wie Frank Spencer aus der altehrwürdigen BBC-Sitcom *Some Mothers Do 'Ave 'Em*. Ließ mir hinterher von ihm eine Kopie des Textes geben.

Ich wache morgens auf schon im Gebe-e-e-et,
früh oder spä-ä-ä-ät,
egal, was ge-e-e-eht,
ohne Gebe-e-e-et
wüsste ich gar nicht, was ich tä-ä-ä-ät,
und wo der Kopf mir ste-e-e-eht.

Eh ich bei Meckes in den Burger beiß, da be-e-e-et
ich diskre-e-e-et,
aber konkre-e-e-et,
neig meinen Kopf überm Table-e-e-ett.
Gebet ist für mich wie ein Be-e-e-eet,
auf das der Sämann seinen Samen sä-ä-ä-ät,
bis seine Saat aufge-e-e-eht.
Bist du ein kluger Exege-e-e-et
oder ein schlauer Apologe-e-e-et,
strenger Veganer und Aske-e-e-et
oder vielleicht gar ein Prophe-e-e-et,
wie man es wendet oder dre-e-e-eht,
du brauchst Gebe-e-e-et,
denn wer zum Herrn nicht fle-e-e-eht,
für den ist eh alles zu spä-ä-ä-ät,
wenn eines Tages der Kome-e-e-et
kommt und die Welt in Flammen unterge-e-e-eht.
Dann heißt es entweder Gebe-e-e-et
oder man brä-ä-ä-ät.
Ich hoff, dass jeder mich verste-e-e-eht
und dass ihr alle es einse-e-e-eht,
dass ohne Beten gar nichts ge-e-e-eht.
Das war's! Euer Gebebetspoe-e-e-et.
Spects!

Spects? *Bedeutet* das überhaupt irgendetwas?

Der bunte Abend schritt erbarmungslos voran, und bald fand
ich auch heraus, was es mit Richards „zwei oder drei kleinen
Zusätzen" auf sich hatte. Also ehrlich! Warum mache ich mir
überhaupt die Mühe, irgendjemandem irgendetwas zu sagen?
Der arme alte Richard war offenbar niedergemäht worden wie

eine einsame Weizenähre, die einem Mähdrescher im Weg stand. Elternstolz ist eine Ehrfurcht gebietende Macht, der so gut wie nichts widerstehen kann.

Nummer sechs: Die fünfjährige Kitty Burlesford spielt „Alle meine Entchen" auf der Violine.

Nummer sieben: Der sechsjährige George Farmer jr. spielt „Alle meine Entchen" auf der Violine.

Nummer zehn: Patrick Cluskey spielt „Alle meine Entchen" auf der Violine.

Nummer dreizehn: Die fünfjährige Nancy Calthrop spielt „Alle meine Entchen" auf der Violine.

Nicht zu fassen!

Um dem Ganzen die Krone aufzusetzen, wählte Dennis Strang ausgerechnet diesen Moment, als sich die leise Hoffnung regte, die Qualen könnten nun ein Ende haben und der lange Weg der Heilung beginnen, um sich von seiner Strandliege zu erheben und vorzuschlagen, „die wunderbaren Kinder" möchten sich zu einem letzten Vortrag zusammentun. So wurde uns das zweifelhafte Entzücken zuteil, dass Kitty Burlesford *und* George Farmer jr. *und* Patrick Cluskey *und* Nancy Calthrop „Alle meine Entchen" noch zwei oder drei Mal gemeinsam spielten – oder nicht gemeinsam, um genau zu sein. Es hörte sich an wie eine Metapher für den ächzenden, heulenden, kataklystischen Zusammenbruch einer einstmals großen Zivilisation. Kam mir am Ende vor, als wäre ich nach einer schweren Operation wieder erwacht, nur um zu hören, dass sie erfolglos war.

Gerald beugte sich zu mir herüber, als sie fertig waren, und schlug vor, wir sollten den Verfasser von „Alle meine Entchen" ausfindig machen und ihn fragen, ob er nicht auch fände, dass mit der Welt schon genug im Argen liegt, auch ohne dass dieser grausige musikalische Schimmelpilz sich unaufhaltsam über sämtliche bunte Abende aller Gemeindefreizeiten ausbreitet. Nickte zustimmend – und applaudierte gleichzeitig begeistert, wie alle anderen auch. Was blieb mir übrig? Man muss ja, nicht wahr?

Ich wusste schon, dass Cameron eigens für den bunten Abend einen Song geschrieben hatte. Nicht klar war mir allerdings, dass dieses bedeutende Opus durch eine meiner „trivialen Obsessionen" inspiriert war, wie Anne und Gerald sie, sehr zu meinem Missfallen, immer nennen.

„Also, ich werde jetzt ein Lied für euch singen. Es beruht auf einer Sache, über die mein Opa sich endlos aufregen kann; zumindest sagen das Oma und mein Vater. Sie haben mir erzählt, dass er sich, wenn die Aufgaben im Haushalt verteilt werden, immer fürs Staubsaugen entscheidet, weil das eines der Dinge ist, von denen er tatsächlich etwas versteht."

Frechheit!

„Aber wie es scheint, wird er immer ganz ärgerlich und stinkig, wenn das Teil fehlt, mit dem man die Kanten saugt. Paps sagt, man kann ihn dann oft aus irgendeinem entfernten Winkel des Hauses wie eine verlorene Seele rufen hören: ‚Das Ritzenrohr! Wo ist das Ritzenrohr? Das Ritzenrohr steckt nicht in seinem Schlitz! Wer hat wieder das Ritzenrohr nicht in seinen Schlitz gesteckt, wo es hingehört? Also wirklich!'"

Camerons Darstellung, wie ich mit hoher, quengeliger Stimme durch die Gegend rufe wie ein umnachteter Achtzigjähriger, hatte nicht das Geringste mit der Wirklichkeit zu tun, aber wenigstens brachte sie die Leute zum Lachen. Knirschte mit den Zähnen und wartete ab, bis es vorbei war.

„Einmal", fuhr Cameron fort, „war er von dieser ganzen Staubsaugerei so besessen, dass er sich sogar selbst für einen Staubsauger hielt. Er lief regelrecht Amok. Ja, es wurde so schlimm, dass wir schließlich …" Sein Tonfall wurde so ernst, dass es ans Tragische grenzte. „Wir mussten schließlich den Elektriker rufen und ihm den Strom abschalten lassen."

„Jetzt sing endlich dein Lied!"

Wenigstens erntete ich auch mal einen Lacher.

„Also", fuhr Cameron fort, „ich habe diesen Song zu Ehren des Ritzenrohrs geschrieben, das Opa so sehr liebt. Ich werde es jetzt singen, und Adam wird mich dabei mit ein paar mimischen Darbietungen unterstützen."

Sodann begann Cameron mit pseudo-opernhafter Stimme zu singen, ungefähr in dem Stil von George Dawes, der Figur aus der alten britischen Comedy-Quizshow *Shooting Stars*, die von Matt Lucas gespielt wird. Ich muss sagen, Adam wirkte viel fröhlicher und ausgeglichener, während er zu den Strophen herumhampelte und sich mit Cameron mit den beiden Ritzenrohren duellierte, die sie irgendwo aufgetrieben hatten. Hoffe nur, sie stecken sie hinterher wieder zurück in die Schlitze, wo sie hingehören …

Der Song ging so:

Das Ritzenrohr, das Ritzenrohr,
das kommt mir mächtig cool und äußerst nützlich vor.
Wie's gemacht wird, lernt man im Ritzenrohr-Corps.
Hoch! auf das Ritzenrohr.

Das Ritzenrohr, das Ritzenrohr,
allein schon der Gedanke daran macht mich euphor-
isch, so als wär ich ein Tambourmajor.
Dank! sei dem Ritzenrohr.

Das Ritzenrohr, das Ritzenrohr,
Hat man zwei davon, so haut man sie sich um die Ohr'

im Titanenkampf von Loki gegen Thor.
En garde! mit dem Ritzenrohr.
Das Ritzenrohr, das Ritzenrohr,
das braucht jeder Torero und auch Matador.
Gäbe es das nicht, so trüg ich Trauerflor.
Steht ein! für das Ritzenrohr.

Das Ritzenrohr, das Ritzenrohr,
der Maestro dirigiert damit den Ritzenrohr-Chor,
und wer das nicht kapiert, der ist ein Ritzenrohr-Tor.
Singt! für das Ritzenrohr.

Oh, si-i-i-ingt für das Ri-i-itzenro-o-ohr!
Das Ritzenrohr.

Äußerst überraschender Beitrag von dem kleinen Donald Fitley. Er sei schon immer ein Bob-Dylan-Fan gewesen, verkündete er, und habe seine eigene Version eines bekannten Dylan-Songs geschrieben, die er uns gerne vorsingen würde. Eine Stille, angefüllt mit Verblüffung und leichter Beunruhigung, senkte sich über das wartende Publikum. Doch sie verwandelte sich in tosenden Applaus, nachdem Donald mit einer Stimme, die dem vertrauten rau krächzenden Organ des Meisters verblüffend ähnlich war, die folgenden Worte gesungen hatte.

Kommt, ihr Ärzte und Apotheker im Land,
eure Halstabletten sind unnützer Tand,
mein Fieber ist hoch wie die Eigernordwand,
eine heftige Grippe befällt mich,
und ich kling wie 'ne Küchenmaschine voll Sand,
denn das Neo-Angin, das hilft gar nicht.

Konnte nur den einen Vers mitschreiben, aber der kam riesig gut an.

Gegen Ende des bunten Abends hob Josey ihre Hand und fragte, ob sie wohl ein kurzes Gedicht vorlesen dürfe, das sie ein paar Tage zuvor geschrieben habe. Sah ein bisschen nervös aus, als sie sich vorne hinstellte.

„Ich schreibe sonst nie Lyrik, und das ist eigentlich auch keine richtige Lyrik."

Dabei machte sie eine wegwerfende Bewegung mit dem Blatt Papier, das sie in der Hand hielt.

„Es taugt bestimmt nicht viel – einfach nur ein paar gereimte Zeilen. Aber – aber ich dachte, vielleicht hört ihr es euch trotzdem gerne an."

Aufmunterndes Gemurmel.

„Wisst ihr, ich habe vor ein paar Tagen ein kleines Mädchen getroffen, und ihr kennt das ja: Kinder erzählen einem von ihrem Leben, als gäbe es überhaupt nichts Wichtigeres auf der Welt. Nun, diese Kleine wollte mir mitteilen, dass ein paar Tage zuvor ihr Hamster gestorben war. Offenbar waren seine Zähne sehr lang geworden und hatten begonnen zu faulen, und die Eltern des kleinen Mädchens sagten, sie müssten mit ihm zum Tierarzt. Sie setzten ihn also in einen Karton, und da hockte er ganz still, während sie mit ihm zur Praxis fuhren. Und als sie dort ankamen, schaute sich der Tierarzt den Hamster an und sagte, es ginge ihm sehr schlecht, und man sollte ihn einschläfern. Hinterher nahmen sie den kleinen Leichnam in seiner Schachtel wieder mit nach Hause und begruben ihn feierlich im Garten. Es war sehr, sehr traurig, sagte das kleine Mädchen, und ob ich nicht für sie ein Gedicht darüber schreiben könnte? Ich hatte noch nie etwas dergleichen geschrieben, aber sie bat mich so ernst darum, und ich war so überrumpelt, dass ich ja sagte. Dann fragte ich sie, wie ihr Hamster geheißen habe. Ich hoffte, es würde ein Name sein, zu dem sich leicht Reime finden ließen. Als sie mir sagte, er habe Jochen geheißen, wurde ich ein bisschen nervös. Aber ich habe mein Bestes getan. Ich lese es euch vor.

Ich hab dich gern gefüttert und gepflegt, so wie versprochen,
lieber Jochen.
Doch deine Zähne wurden schlecht und wären beinahe
abgebrochen,
armer Jochen.
Da hörten wir ganz leise Gott an unsere Türe pochen:
„Helft Jochen."
Wir taten Stroh in den Karton, du bist hineingekrochen,
tapferer Jochen.
Der Tierarzt sah dich an und sprach: „Dir tun ja alle
Knochen
weh, Jochen."
Dann hat er dich mit einer dünnen Nadel vorsichtig
gestochen,
süßer Jochen.
Im Garten gruben wir ein kleines Grab, um dich drin
einzulochen,
oh Jochen.
Dann standen wir darum im Kreis, und keiner hat
gesprochen.
Lebwohl, Jochen.
Jetzt bist im Hamsterhimmel du, denn du hast nichts
verbrochen,
unser Jochen."

Josey erntete einen Lacher für jeden ihrer Reime, und bei „einzulochen" sogar einen hochverdienten Applaus.

Der bunte Abend endete auf wunderbare und völlig unerwartete Weise. Richard verkündete, eine äußerst talentierte Violinistin würde nun zum Abschluss des Abends für uns auftreten. Unter allgemeinem Applaus kam meine Schlempe schwenkende Freundin Karina mit Violine und Bogen schüchtern nach vorn. Sie klemmte sich das Instrument unters Kinn und begann, abgrundtief schlecht „Alle meine Entchen" zu spielen.

Nicht zu fassen! Was in aller Welt ging nur in Richards Kopf vor? War etwas verdattert, als Karina sich bis zum Ende der Melodie durchgesägt hatte und Richard erneut nach vorn trat.

„Im Moment ist Karina vielleicht keine große Geigerin", sagte er, „aber ich weiß, sie will dazulernen. Ja, sie hofft, schon in kurzer Zeit *so* gut zu sein."

Und damit winkte er die junge Lettin erneut nach vorn. Ihre zweite Darbietung von „Alle meine Entchen" war eine enorme Verbesserung gegenüber der ersten. Diesmal tosender Applaus. Wir ahnten schon etwas.

„Und sie hat den Ehrgeiz", fuhr Richard mit ganz neuer Zuversicht fort, „in ein paar Jahren sogar *so* gut zu sein!"

Diesmal erklang „Alle meine Entchen", wie ich es noch nie zuvor gehört habe. Eine Offenbarung. Wunderschön! Und dann folgte Mendelssohns Concerto in e-Moll. Umwerfend. Ein perfekter Abschluss für den bunten Abend.

Das Gesicht des guten alten Richard war ein herrlicher Anblick. Wie er sich freute! Die ganze Sache mit „Alle meine Entchen" hatte er sich selbst ausgedacht. Brillant!

An der Bar erzählte mir Cameron heute Abend, einer der bekanntesten Vertreter der „Kunst" Adam Baxters sei ein Mann aus unserer eigenen Generation, der sich „Jack the Rapper" nennt und an dunklen Straßenecken in Whitechapel die Leute anspringt und mit folgenden Worten attackiert:

Der, den sie Jack the Ripper nannten, trug ein langes Messer, schlich sich an die Passanten an und schlachtete sie ab. Doch meine Mordmethode ist viel sauberer und besser: Ich rappe auf die Leute ein und nerve sie ins Grab.

Beichtete ihm, Adam habe angeboten, morgen bei der Kommunionsfeier noch einen Rap darzubieten. Cameron schnippte mit den Fingern, schnalzte mit der Zunge und sagte: „Ach nein, wie schade! Das ist aber wirklich ärgerlich, Opa. Weißt du, ich habe da so eine fantastische Gelegenheit, mich auf einem Metallpfahl aufspießen zu lassen und qualvoll zu sterben, und das ist ausgerechnet genau zur gleichen Zeit wie die Kommunionsfeier. Aber so eine einmalige Chance kann ich mir natürlich nicht entgehen lassen, oder? Hach ja, man kann einfach nicht alles haben, nicht wahr? Vielleicht kriege ich den Rap ja ein anderes Mal zu hören."

Mit Gerald plauderte ich bei einem Bierchen über meine Begegnungen mit Mitgliedern der Gemeinschaft und ihren Ansichten über Alan Varney.

„Ziemliche Gegensätze zwischen den verschiedenen Leuten, die ich getroffen habe."

Gerald erwiderte: „Ja, ich habe mich auch mit einigen unterhalten. Ich glaube, ich weiß so ungefähr, was los ist. Dieser Varney ist ein bisschen so wie mein erster Pfarrer, weißt du, als ich im Vikariat war. David Corbett. Erinnerst du dich? Der hatte so einen kleinen Kreis von Leuten um sich geschart, die alle der Meinung waren, er sei der Größte seit Martin Luther. Und solange sie alles auf die corbettsche Art machten, gab er ihnen reichlich Gründe, ihn zu mögen. Aber jeder, der anderer Meinung war oder seinen Plänen im Wege stand, lief Gefahr, an die Kirchentür genagelt zu werden. Ist ein bisschen übertrieben, aber die Leute wurden schon ziemlich kurz abgefertigt."

Er hielt Finger und Daumen im Abstand von ungefähr drei Millimetern hoch.

„Ich wurde immer ungefähr so kurz abgefertigt, als ich dort war. Beinahe wäre ich ganz aus der Kirche ausgetreten, weißt du noch? Das Dumme an Kontrollfreaks wie Varney ist, dass am Ende alle Leute mit eigenen Ideen die Flucht ergreifen, abdriften und ihnen die unumschränkte Herrschaft überlassen. Auf diese Weise gewöhnt so jemand sich immer mehr daran, zu glauben, er sei im Recht, weil ja niemand mehr da ist, der ihm widerspricht. Zu viel Macht, zu wenig Format. Darauf läuft es hinaus, und das kann ich überhaupt nicht leiden."

Er seufzte.

SMS von Leonard kurz vor dem Schlafengehen. Soweit ich es verstand, beantwortete er darin meine Frage von vorhin wegen Scotch Corner. Wünschte, er würde nicht versuchen, in Abkürzungen zu schreiben. Dauert eine Ewigkeit, bis man dahinterkommt, wovon er eigentlich redet. So lautete die Nachricht: „tml ntz weg. sind wg bldm fhlr in sctch crnr gel. wsste ncht dss 3 orte in engl. stanwick hßn. wrn schn in 2 dvn. dr ltzte ms dr rchtge sn, odr? bb. alls ok b euch? lg lnd u angls xx ps angls ht s m kty wdr vrtrgn."

Aaah, sie hat sich mit Katy wieder vertragen. Wie süß. Verrückt und total sinnlos, ja, aber süß.

Als wir spätabends in unserem Zimmer ankamen, fiel Anne völlig erschöpft aufs Bett.

Sie ließ einen Arm schlaff über die Bettkante hängen und sagte: „Adrian, noch eine Kinderstunde mit Sarah und Megan halte ich nicht aus. Es ist mit ihnen mühsamer als ohne sie. Könntest du dich bitte gleich morgen früh mit einem Lächeln bei ihnen bedanken, ihnen etwas Geld geben und Richard oder irgendjemanden bitten, so freundlich zu sein, die beiden in die

Ortsmitte von Stanwick zu bringen? Da wohnen sie. Es ist nicht weit. Nur ein paar Meilen. Betty Osbourne hat sich angeboten, mir morgen zu helfen, und zu zweit schaffen wir das schon. Tust du das für mich?"

„Aber natürlich. Anne?"

Nur noch ein schwaches Flüstern.

„Ja?"

„Ich bin gerne dein Mann."

„Gut. Ich bin gerne deine Frau."

„Anne?"

„Ja, was ist denn?"

„Du liegst quer über dem Bett. Ich komme nicht hinein."

8   SONNTAGVORMITTAG

Wälzte mich die ganze Nacht im Bett mit sorgenvollen Gedanken hin und her. Habe das Gefühl, mein Gehirn versuchte fieberhaft, sich in alle möglichen Schlachten zu stürzen, nur um Josey nicht in die oberen Bewusstseinsschichten zu lassen. Für den größten Teil der Nacht machte sich stattdessen die Aussicht auf den letzten Programmpunkt des kommenden Tages breit.

Ich ertrage einfach den Gedanken nicht, bei diesem abscheulichen Plenardingens anderen Leuten ihre ekligen Füße waschen zu müssen. Meiner Meinung nach sind alle Füße, mit Ausnahme von Babyfüßen, ein Gräuel, besonders, wenn sie rau und voller Hornhaut und missgestaltet sind. Wenn da nun Leute dabei sind, die Fußpilz oder Warzen oder eingewachsene Fußnägel haben oder sich seit einer Woche nicht mehr richtig gewaschen haben? Bäh! Das Dumme ist, dass mitten in der Nacht die albernsten Kleinigkeiten sich zu gewaltigen Katastrophen auswachsen. Während einer meiner unruhigen Schlafperioden hatte ich einen grauenhaften Traum, in dem ein riesiger deformierter Fußpflegeralbtraum von einem Fuß, ungefähr so groß wie Somerset, wie so ein Ding bei Monty Python aus den Wolken herabkam und eine dröhnende Stimme sagte: „So du nicht diesen meinen verseuchten Fuß wäschest, hast du keinen Anteil an mir."

Derselbe Traum überfiel mich in den frühen Morgenstunden drei oder vier Mal. Nach dem letzten Mal machte ich mich gerade mit einem winzigen Lappen und einem dieser aspiringroßen

Seifenstücke, die man in billigen Hotels bekommt, an die Arbeit an einem Schwellfuß, so groß wie die Quantock Hills, als ich schweißgebadet aufwachte und Anne neben dem Bett stehen sah. Sie war gerade dabei, einen Becher Tee auf meinen Nachttisch zu stellen.

„Liebling", sagte sie, „was träumst du denn da nur? Du hast richtig laut gestöhnt."

„Gestöhnt? Ich stöhne nie im Schlaf. Worüber habe ich denn gestöhnt?"

„Du hast irgendetwas gesagt wie: ‚Schon gut! Schon gut! Ich wasche ihn ja! Aber bitte sag mir, dass es nicht noch so einen gibt!‘ So ungefähr."

„Ach, ich glaube, das ist wegen diesem verflixten Plenardingens. Du weißt ja, dass ich Füße nicht ausstehen kann, aber Thomas sagt, dass der Heilige Geist sie sehr gebraucht. Also schätze ich …"

Anne warf den Kopf in den Nacken und lachte so lange und laut, dass sie dabei ordentlich Tee auf meiner Ecke des Betttuchs verschüttete. Schließlich erholte sie sich wieder.

„Oh Schätzchen", sagte sie, „es tut mir so leid. Du hast doch nicht etwa diesen Unsinn geglaubt, den Gerald dir erzählt hat, oder? Wie ist es möglich, dass jemand jahrzehntelang in der Kirche herumstümpert und das nicht weiß? Ich dachte, du wärst inzwischen längst dahintergekommen. Eine Plenarrunde ist einfach ein Treffen, bei dem alle zusammenkommen und sich darüber austauschen, was sie während des Wochenendes erlebt haben – das ist alles. Nichts, wovor du Angst habe müsstest. Nicht einmal ein großer Zeh wird zu sehen sein, verlass dich drauf."

Erschauderte bis in die Tiefen meiner Seele. Wie war es möglich, dass ein wahrhaft schöpferischer Gott sich für Primeln, für Polarlichter *und* für große Zehen verantwortlich zeichnete?

Manche Mysterien werden sich wohl diesseits des Grabes nie aufklären lassen, denke ich.

In der Kirche herumstümpert?

Anne küsste mich ganz sanft und verschwand dann in der Dusche. Ich gab beinahe nach.

Kam wenig später nach unten und fand Sally, die freiwillige Mitarbeiterin, schlafend im Speisesaal. Sie lag mit dem Kopf in einem Karton auf einem Stuhl, mit den Füßen, ebenfalls in einem Karton, auf einem zweiten Stuhl und mit dem Rest unter einer Decke auf zwei weiteren Stühlen dazwischen. Machte in der Küche einen Becher Tee für sie und weckte sie, indem ich ihr ganz leicht an die Schulter tippte. Sie setzte sich abrupt auf, den Karton immer noch auf dem Kopf, schrie laut und schlug sich dann auf die Brust.

Dann sagte sie: „Oh, Entschuldigung, ich dachte, ich wäre lebendig begraben worden. Ist mir heute Nacht schon drei Mal passiert. Dass ich aufgewacht bin, meine ich, nicht, dass ich lebendig begraben wurde. Wissen Sie, ich muss nachts immer meinen Kopf und meine Füße warmhalten, und ich wusste nicht, wie ich das sonst machen sollte. Der Hausleiter hat überraschend Besuch von seiner Familie bekommen. Deswegen sollte ich in die Zwölf umziehen, aber dann fiel jemandem ein, dass dort momentan keine Zimmerdecke ist. Also schickten sie mich in die Vierzig, aber dort stank alles nach dem Toilettenblock nebenan. Daraufhin schleppte ich mein ganzes Zeug bis nach oben in die Neun, aber dann fiel mir ein, dass das Zimmer nicht benutzbar ist, bis sie irgendein Viechzeugs herausschaffen, das dort letzte Woche verendet ist. Und die Sechzehn, das letzte Zimmer, zu dem sie mich schickten, schien perfekt zu sein, bis ich herausfand, dass bei mir jedes Mal, wenn in der Dreiundsechzig die Klospülung betätigt wurde, das Licht ausging. So bin ich schließlich hier unten gelandet. Macht mir ja nicht groß was aus, aber …"

Herrliches gebratenes Frühstück heute Morgen, das mir meine schlempige Freundin mit einem strahlenden Lächeln und einem zusätzlichen Ei servierte. Mir scheint, die Kombination von Eiern und Speck muss wohl eines der wenigen Dinge sein, die von jeglichem verderblichen Einfluss durch den Sündenfall unberührt geblieben sind. Als der gütige Schöpfer diese göttliche Kombination zum ersten Mal zusammenstellte, muss er sie wohl betrachtet und gesehen haben, dass sie gut war. Sehr gut. Und damit hatte er recht.

Sprach nach dem Frühstück mit Megan und Sarah. Sie begegneten mir mit bleicher Gleichgültigkeit, aber ich glaubte, ein ganz schwaches Flackern zu bemerken, als ihnen bewusst wurde, dass die Aussicht auf eine vorzeitige Abreise bestand. Winkte ihnen nach, als sie in Richards Auto auf dem Rücksitz davonrollten und ausdruckslos durch die Fenster starrten wie zwei Halloweenmasken, auf denen jegliche Farbe verblichen war. Seltsam. Verwirrend. Demoralisierend. Bin froh, dass sie weg sind.

Ich begreife Alan Varney einfach nicht. Als nach dem Frühstück in der Moon Lounge die Leute herumliefen und sich unterhielten, kam er zufällig vorbei und blieb stehen, als er zwei junge Frauen aus der Gemeinschaft mit ihren grünen Ansteckbuttons sah, die in einer Ecke die Köpfe zusammensteckten und miteinander redeten.

„Wenn ihr euch nicht unter die Gäste mischt, könnt ihr genauso gut wieder ins Bett gehen!"

Peinliche Stille senkte sich über den Raum, als die beiden Frauen aufsprangen, sich mit hochroten Gesichtern umschauten und vermutlich fieberhaft überlegten, wie sie sich jetzt schleunigst unter die Gäste mischen könnten, ohne dass es hohl und aufgesetzt wirkte. Zum Glück sind in der kleinen Gruppe aus Swansea zwei wunderbare ältere Damen namens Glenys und Mary, die voller körperlicher Beschwerden und unauslöschlicher Liebenswürdigkeit sind. Sie hatten sich gerade ans Fenster gesetzt, um mit ihrem Puzzle weiterzumachen. Glenys winkte die beiden Mädchen heran.

„Ihr könnt euch unter Mary und mich mischen", rief sie. „Macht euch keine Gedanken wegen dem da. Ich kannte seinen Großvater, und das war auch so ein griesgrämiger alter Knochen. Ihr könnt uns helfen, diesen endlosen blauen Himmel zusammenzusetzen."

Seit zweitausend Jahren brüten kluge Menschen über der Schrift, um herauszufinden, wie sie so werden können wie Glenys und Mary, egal, an wie viele Götter die beiden glauben.

Daraufhin entspannte sich die Atmosphäre wieder. Aber warum macht er so etwas?

Erwartungsvolles Gemurmel allenthalben vor Pater Johns Fragestunde heute Morgen. Er sah ganz müde und gebrechlich aus, wie er da vorne in einem großen Korbsessel saß, der aus dem Wintergarten hergeschleppt worden war. Doch die Augen funkelten immer noch wie eh und je. Anne lehnte sich zu mir herüber und flüsterte: „Wenn einmal nur noch sein Lächeln von ihm übrig ist, wird er einfach in den Himmel hinaufschweben, meinst du nicht? Ich liebe diesen alten Mann."

Bernard Masters, der seine riesige, in weiches Leder gebundene Bibel, aus deren Seiten überall kleine Zettelchen herausragten, aufgeschlagen auf dem Schoß liegen hatte und zugleich zwei oder drei Finger an diversen Stellen eingesteckt hatte, beugte seinen knochigen Oberkörper vor und hob seine freie Hand.

„Pater John, ich wüsste doch sehr gern Ihre Meinung zur Homosexuellenfrage."

Pater John blinzelte sichtlich erstaunt.

„Tut mir leid – was genau *ist* denn die Homosexuellenfrage?"

Masters zuckte zurück und machte in seinem Kehlkopf ein Geräusch, das sich ein bisschen so anhörte, wie wenn sich in einem Drucker ein Blatt Papier zwischen den Rollen zusammenknautscht.

„Ääääh, ich meine, wie denken Sie über schwule Christen?"

„Ah! Verstehe. Ja, ich glaube, ich weiß jetzt, was Sie meinen. Wie denke ich über schwule Christen? Nun, Bernard, ich muss sagen, dass meine Haltung zu diesem Thema ganz und gar von der Heiligen Schrift geprägt, ja diktiert ist. Und ich sollte hinzufügen, dass ich, so falsch das auch von mir sein mag, leider sehr wenig Geduld mit Leuten habe, die sich dieser Frage auf irgendeine andere Weise nähern. Ich kann darüber sehr ärgerlich werden. Die Bibel äußert sich immer und immer wieder ganz unmissverständlich zu dieser Frage."

Inzwischen hatte Masters seine Finger in so vielen Seiten seiner Bibel stecken, dass es aussah, als versuchte er, auf einem seltsamen, schlaffen Akkordeon zu spielen.

„Nun", sagte er, „in meiner Bibel steht doch klar und deutlich, dass …"

„Oh ja, ganz richtig", fuhr Pater John fort, als hätte Bernard gar nichts gesagt. „Ich stehe voll zu dem biblischen Imperativ, den Sie gerade erwähnen wollten."

„Nämlich …?"

„Nun, dem Imperativ, sie einfach zu lieben, Bernard."

Neuerlicher Papierstau im Drucker.

„Ääääh …"

„Wissen Sie, ich habe den Verdacht", fuhr der Mönch fort, ehe das zerknautschte Blatt herausgeholt werden konnte, „dass Gott im Allgemeinen viel schockierter über unsere Frömmigkeit ist als über unsere Sünde. Man hat mir gesagt, dass die Mitglieder dieser wunderbaren Gemeinschaft hier in Scarleeswanvale unter anderem das Versprechen abgeben müssen, ihr Bestes zu tun, um die Gäste so zu behandeln, wie sie Jesus selbst behandeln würden. Ich gehe davon aus, dass damit nicht gemeint ist, dass sie sie kreuzigen sollen. Ich möchte Ihnen allen raten, lieblose Missbilligung zu meiden wie die Pest. Denn sie ist eine Plage, so schlimm wie die zehn ägyptischen Plagen zusammen. Und dasselbe gilt für das Richten über andere. Und für die Habgier. Es gibt in der Gemeinde Jesu viel mehr herzlose, habgierige Leute als schwule Christen. Lesen Sie einmal die Evangelien in Ihrer erstaunlichen maßgeschneiderten Bibel, Bernard. Fragen Sie sich, wie es kommt, dass wir den vermeidbaren Tod von Millionen Kindern und den Abstieg kleiner Mädchen, die noch keine zehn Jahre alt sind, in die Prostitution offenbar als viel geringfügigere Sünden betrachten als Unterschiede in den sexuellen Neigungen."

Ein paar Atemzüge lang herrschte Schweigen, dann erholte sich Bernard ein wenig.

„Wollen – wollen Sie damit sagen, dass das in Ordnung ist?"

Pater John sank auf seinem Sessel zurück und sah gebrechlicher und erschöpfter aus als je, als er antwortete.

„Ach, kommen Sie! Ist *das* die Homosexuellenfrage? Will ich sagen, dass es in Ordnung ist? Ist es in Ordnung? Ist es verkehrt? Ich frage mich, ob es überhaupt wichtig ist, was ich sage, Bernard? Ich bin nichts als ein müder, zerbeulter alter Relativist, der Jesus liebt, was immer das bedeutet. Unser herrlicher, hin und wieder etwas irritierender Erlöser geht von Mensch zu Mensch und tut dies und das oder auch jenes, und ich gebe mir genau wie die Jünger damals alle Mühe, mit ihm Schritt zu halten und das zu tun, was ich ihn tun sehe. Er kann unglaublich inkonsequent sein. Manchmal, wenn ich ihm erbost Worte aus der Schrift vorzitiere, lacht er mich nur aus. Ein- oder zweimal ist es schon vorgekommen, dass ich ihn angeschrien habe: ‚Um Himmels willen, jetzt reiß dich doch mal *zusammen!'* Doch mein Meister hat sich noch nie so leicht festnageln lassen, wie es sich manche wünschen würden, und ehrlich gesagt, dafür bin ich Gott aus tiefstem Herzen dankbar."

Mein Blick begegnete zufällig dem von Gerald. Er lächelte mich mit feuchten Augen an. Ich liebe meinen Sohn.

„Übrigens, Bernard", sagte der Mönch, „es gibt noch eine andere Art und Weise, wie ich schwule Christen betrachte."

„Ja-a-a?", krächzte Bernard.

Als Pater John antwortete, klang seine Stimme ganz sanft, und eine tiefe Traurigkeit schwang darin mit.

„Im Spiegel."

Man hätte eine winzige Stecknadel auf einen weichen Haufen Federn fallen hören können.

„Vor vielen Jahren legte ich ein Keuschheitsgelübde ab, als ich dem kleinen Orden beitrat, zu dem ich gehöre. Er ist wirklich sehr klein. Es sind nicht mehr viele von uns übrig. Wenn man seine Ohren wirklich für Gott öffnet, spricht er meist mit einem überraschend sanften Flüstern. Das hat schon Elia herausgefunden, nicht wahr? Damals war das ein ganz leiser, höflicher Ruf an mich, und ich beschloss: Hmmm, ich sollte wohl lieber gehen. Also – Schmerz und Frust und Freude und vieles andere kommen zusammen. Aber die Wahrheit ist …"

Er lachte leise, hustete ein wenig und nahm einen Schluck Wasser.

„Ich bin ein extravaganter Zölibatär, und ich möchte lieber Gott aus dem Bauch eines Walfischs mit Vision preisen, wenn das der Ort ist, wo er mich hinsteckt, als dass ich vergeblich versuche, unter dem Deck eines sturmgeschüttelten Schiffs weiterzuschlafen, das nirgendwo hinfährt als geradewegs hinunter, dorthin, wo merkwürdige blinde Geschöpfe im Dunkeln herumkriechen. Diejenigen von uns, deren Name mit ‚J‘ beginnt, sind schon mehr als einmal zu diesem Schluss gekommen. Verstehen Sie, worauf ich hinauswill, Bernard?"

Ich glaube, wir verstanden es alle …

Irgendwann hob die liebe Betty Osbourne nervös ihre Hand. Betty ist eine gute Freundin von mir. Hat eine wunderbare Tochter namens Poppy, die irgendwo oben im Norden arbeitet. Betty hat den traurigen Charme eines Bassets und ist Expertin darin, mich zum Lachen zu bringen, wenn ich beschlossen habe, nicht zu lachen. Pater John hob seine beiden papierdünnen Hände und lud sie ein, ihre Frage zu stellen.

„Das ist sicher eine ganz dumme Frage", sagte sie, „aber ich musste gerade an die Stelle im Epheserbrief denken, wo Paulus davon redet, dass wir die Waffenrüstung Gottes anziehen sollen. Sie wissen schon, den Helm des Heils, den Schild des Wasweißich und das ganze andere Zeug."

Pater John nickte ihr aufmunternd zu.

„Es ist so. Letzte Woche habe ich einen Brief von meiner Tochter Poppy bekommen. Sie ist vierundzwanzig und arbeitet für eine von diesen großen christlichen Organisationen, die ihren Sitz da oben im Norden von England hat. In letzter Zeit hatte sie es ziemlich schwer. Sie war immer sehr müde und hatte nicht viel Freizeit. Das hat sie ziemlich heruntergezogen, wenn Sie wissen, was ich meine. Und das sieht meiner lieben Poppy überhaupt nicht ähnlich. Normalerweise ist sie fröhlich und immer am Lächeln, und sie möchte gern Gott gehorsam sein. Das möchte sie wirklich. Gibt sich immer sehr viel Mühe. Jedenfalls hat sie es ein paar Wochen lang für sich behalten, aber eines Tages war sie einfach am Ende ihrer Kräfte und hat mit jemandem darüber geredet, mit einer der Leiterinnen dort, glaube ich. Und diese Frau, eine Teamleiterin oder so, sagte zu ihr: ‚Du gehst jetzt diese Treppe hinauf, meine Liebe, und legst die Waffenrüstung Gottes an!'"

Betty faltete ein Blatt Papier auseinander und hielt es hoch.

„Ich werde vorlesen, was Poppy mir geschrieben hat. Es hat mich ziemlich aufgebracht. Keine Sorge, es dauert nicht sehr lang.

‚Ich bin nach oben gegangen, wie sie es mir gesagt hat, Mama, und ich habe versucht, mich mit der Stelle mit der Waffenrüstung zu beschäftigen, aber dann habe ich stattdessen einfach nur geweint und mir gewünscht, du wärst hier und würdest mir den Arm um die Schultern legen und mir eine Tasse Tee machen. Irgendwie hat das mit der Waffenrüstung an diesem Nachmittag nicht funktioniert, sodass ich mich gefragt habe, ob ich vielleicht irgendetwas Schlimmes getan habe und Gott böse auf mich ist.'"

Betty ließ den Brief in ihren Schoß sinken und sah hoffnungsvoll Pater John an.

„Was meinen Sie, Pater John? Was kann ich ihr sagen?"

Das wohlwollende Lächeln war ganz von Pater Johns Gesicht verschwunden. Tatsächlich habe ich ihn selten so streng dreinblicken sehen.

„Betty", sagte er, und seine Miene wurde wieder milder, „ich denke, Poppys Problem ist gar nicht so selten. Uns allen geht es manchmal so, dass wir, ganz egal, was jemand uns sagt, das wir tun sollen, oder wohin man uns schickt, um es zu tun, es leid sind, immer nur das Rezept zu studieren, und uns danach sehnen, das Essen auch einmal zu kosten. Der große Dietrich Bonhoeffer hat von der Möglichkeit eines ‚religionslosen Christentums' gesprochen, von einem Zustand oder einem Ort, wo wir keine Landkarten oder Wegweiser mehr benötigen, weil wir angekommen sind und weil der Ort, wo wir angekommen sind, unsere wahre Heimat ist.

Ich denke, es ist so, Betty. An diesem schwierigen, schmerzlichen Tag hatte Ihre Poppy es nicht nötig, die Waffenrüstung Gottes anzuziehen. Sie hatte es nötig, sie auszuziehen. Sie hatte sie lange Zeit tapfer getragen, und allmählich fing die Rüstung an, zu kneifen und zu kratzen und schwer auf ihr zu lasten. Was sie brauchte, war eine Erinnerung daran, worum es bei der ganzen Sache eigentlich geht. Eine Erinnerung daran, wozu die Rüstung gut ist. Verzeihen Sie meinen absurden Metapherncocktail, aber sie brauchte einen kleinen Leckerbissen. Eine Erinnerung daran, wie gut das echte Essen schmeckt. Einen kleinen Vorgeschmack auf ihr Zuhause, damit sie sich wieder darauf freuen konnte. Und ein Lächeln und eine Umarmung hätten vielleicht schon ausgereicht, wissen Sie. Ich richte nie über andere" (seine Augen funkelten plötzlich wieder), „jedenfalls nicht so, wie manche andere Leute, die ich nennen könnte, aber Gottes Bodenpersonal kann sich manchmal ausgesprochen dämlich benehmen.

Ob Gott böse auf sie war – also, ich glaube das nicht. Was meinen Sie? Poppy heißt Mohnblume. Mohnblumen sind wunderschön und zart und offenherzig, und sie werden so sehr unterschätzt. Böse auf Poppy? Nein, das kann ich mir nicht vorstellen."

„Dankeschön", sagte Betty mit einem kleinen Lächeln, während sie den Brief sorgfältig wieder zusammenfaltete und zurück in den Umschlag steckte.

„Trotz alledem", fuhr Pater John fort, „finde ich Paulus' Worte über die Waffenrüstung Gottes sehr hilfreich und nützlich. Den Gürtel der Wahrheit zum Beispiel. Die Botschaft ist ganz klar. Wenn man nicht die Wahrheit sagt, kommt man in eine peinliche Lage. Oder anders gesagt, wenn man keinen Gürtel anhat, rutschen einem die Hosen runter. Ob Paulus uns wohl, hätte er in unserer Zeit gelebt, aufgefordert hätte, auch die Hosenträger der Wahrheit anzuziehen, um ganz auf Nummer sicher zu gehen?"

„Und was ist mit uns Frauen?", erkundigte sich Mrs. Duphrane und zog eine Augenbraue hoch. „Wir können mit Gürteln und Hosenträgern nicht so viel anfangen."

„Mmm, gute Frage, meine Liebe", erwiderte Pater John und blinzelte nachdenklich. „Ich möchte auf keinen Fall, dass Ihnen irgendetwas herunterrutscht. Allerdings bin ich nicht ganz auf dem neuesten Stand, und irgendwelche persönlichen oder praktischen Erfahrungen mit Damenunterwäsche habe ich sowieso nicht, aber ich könnte mir so etwas wie das ‚Mieder der Mäßigung' oder vielleicht den ‚Strumpfbandhalter der Selbstbeherrschung' vorstellen."

„Nicht ganz auf dem neuesten Stand?", flüsterte Anne mir lächelnd zu. „Kann man wohl sagen. Heute trägt doch kaum noch jemand Hosenträger, und ich glaube kaum, dass irgendeine heute lebende Frau je ein Mieder oder einen Hüfthalter angehabt hat."

„Nein", erwiderte ich geistesabwesend, „schade eigentlich um die Strumpfbandhalter …"

Anne knuffte mich ins Bein und hob dann ihre Hand. „Pater John, darf ich eine Frage stellen?"

„Aber natürlich, Anne."

„Ich habe mich oft gefragt, was Paulus meint …"

Er unterbrach sie mit gespieltem Überdruss.

„Oh ja, ich auch, ich auch!"

Kleine Welle der Erheiterung. Bernard Masters blickte verwirrt um sich.

„Ich habe mich oft gefragt, was er meint, als er in 2. Korinther von einem Christen spricht, den er kannte, der bis in den dritten Himmel entrückt wurde. Haben Sie eine Ahnung, was es damit auf sich hat?"

„Vielleicht werde ich die Antwort auf diese Frage schon sehr bald genau kennen", erwiderte Pater John frohgemut, „aber bis dahin ist es mir ebenfalls ein Rätsel. Es hört sich fast so an, als ob dieser Mann in einem Fahrstuhl emporgehievt wurde oder einer ‚vertikalen Personaltransportanlage', wie es manche unserer amerikanischen Vettern nennen, glaube ich. Aber was dann da oben im dritten Stockwerk geschah, ist ein Mysterium. Ein bisschen raten können wir natürlich schon. Können Sie sich vorstellen, wie dieser Kumpel von Paulus mit Jesus auf einem Balkon sitzt und auf die Welt herabblickt, während sie zusammen ein Schokoladenfondue genießen? Wie unser Herr vielleicht von seinem Ausflug ins Untergeschoss erzählt, wo er ein paar Leute abholte, die auf den falschen Knopf gedrückt hatten und nun heulend im Keller saßen? Hört sich für mich durchaus plausibel an."

„Gibt es denn im Himmel Schokoladenfondue?", fragte Richard ungläubig.

„Oh Richard", erwiderte Pater John ernst, „glauben Sie wirklich, ich hätte mein Leben lang allen möglichen Sünden den Rücken gekehrt, wenn ich nicht absolut sicher gewesen wäre, dass es Schokolade geben wird, wenn das alles vorbei ist? Die schattenhaften Gestalten des Irrtums und der Ungewissheit mögen die meisten von uns bis ans Grab verfolgen, aber was

Schokolade betrifft, gibt es nicht den geringsten Raum für Zweifel."

Ist schon ulkig, diese Art, wie Pater John redet. Weiß nicht recht, wie ich es ausdrücken soll. Der Sinn dessen, was er sagt, liegt nicht so sehr in den Worten, sondern vielmehr in etwas Tieferem, Stärkerem, Beruhigenderem. Es spielt überhaupt keine Rolle, ob es im Himmel tatsächlich Schokolade geben wird, weil ja die innere Essenz aller wahrhaft guten Dinge dort oben im dritten Stock auf uns wartet, sei es Schokolade oder sonst irgendetwas.

Josey hatte ihre Bibel aufgeschlagen auf dem Schoß liegen.

„Pater John, hier steht, dass dieser Mann ‚unaussprechliche Worte hörte, die auszusprechen einem Menschen nicht zusteht'. Das macht einen ja ganz zappelig! Wenn ich irgendetwas wirklich Interessantes und Wichtiges zu sagen hätte, würde ich doch geradewegs damit herausplatzen!"

Pater John sah sie einen Moment lang an.

„Würden Sie das, meine Liebe?"

Eigenartiger Moment. Josey senkte ihren Blick und schaute dann wieder auf.

„Ich – ich meine, ich frage mich, was das für unaussprechliche Dinge gewesen sein könnten. Es wäre doch aufregend, das zu wissen."

„Ah", sagte Pater John. „Ich würde Ihnen liebend gern irgendeinen Hinweis dazu geben. Das Problem ist, dass diese Dinge eben unaussprechlich sind. Und es kommt erschwerend hinzu, dass sich dahinter durchaus für jeden von uns etwas anderes verbergen könnte." Er warf mir einen Blick zu. „Adrian zum Beispiel würde wahrscheinlich am liebsten bis in alle Ewigkeit auf dem Kricketfeld stehen und erfolgreich mit dem Schläger Michael Holdings Würfe abwehren. Für andere, besonders diejenigen unter uns, denen es schon wie eine Ewigkeit vorkommt, sich auch nur ein Testmatch anzuschauen, könnte das eine überaus quälende Aussicht sein. Aber Gott kennt sich mit solchen Dingen sehr gut aus. Er wird schon für jeden das Richtige haben."

Josey lächelte und sagte dann mit einem leichten Brechen in der Stimme: „Wird alles gut sein?"

Die wichtigste Frage der Welt. Ich sog die Luft ein und konnte erst wieder ausatmen, als die Antwort kam.

„Ja", erwiderte Pater John – voller Wärme, aber fast flüsternd. „Oh *ja*."

Kurz vor der Kaffeepause stellte Gerald noch eine Frage.

„Sie sagten vorhin, Pater John, es gebe zu viel Habgier in der Kirche. Heißt das, dass Christen nicht reich sein dürfen?"

„Ja und nein, und nein und ja", erwiderte der Mönch. „Hilft Ihnen das weiter?"

„Aber ja", nickte Gerald ernst, „… und nein. Damit ist alle Klarheit beseitigt."

„Ich meine das so, denke ich. Meine Hoffnung ist, dass Leute, die haufenweise Knete verdienen, es nicht auf der Bank oder in einem dritten Haus oder so vergraben. Ich hoffe, dass sie Leute sind, die sich als Banker für Gott betrachten – Verzeihung, dass ich das B-Wort gebrauche –, als gute *Haushalter* für Gott. Daran ist nichts verkehrt. Dann bin ich froh, dass sie es sind, die das Geld haben und verteilen können. Damit haben sie auch jede Gelegenheit, kleine Extrafreuden zu verteilen. Ich liebe solche kleinen Extrafreuden. Sie nicht auch? Besonders Schokolade, Wein und Geschichten, die mir Kinder erzählen."

Lauter begeistert nickende Köpfe ringsum. Er ruckelte auf seinem Sessel herum, während er kurz überlegte.

„Das andere ‚Ja' und ‚Nein' bezog sich auf eine andere Art von Reichtum. Und wo wir gerade von Leckerbissen gesprochen haben, will ich Ihnen von meinem Schwein erzählen. Wissen Sie, ich teile mein Zimmer zu Hause mit einem riesigen, fetten Schwein. Und bevor Sie danach fragen – nein, es ist nicht einer der anderen Brüder; die sind eine ganz andere Sorte von Viechern. Nein, es ist ein riesiges, umwerfend hässliches Sparschwein. Gut einen halben Meter hoch. Ich habe es vor ein paar Jahren von einer sehr netten Familie zum Geburtstag geschenkt bekommen, die hier in der Nähe wohnt und weiß, wie gerne ich zum Tee ausgehe. Im Orden haben wir nicht sehr viel eigenes Geld, aber ich sammle sehr gerne Münzen in meinem Sparschwein. Und zwar mache ich das folgendermaßen:

Jedes Mal, wenn irgendjemand besonders nett zu mir ist, gehe ich am Ende des Tages nach oben und stecke ein bisschen Geld in mein Sparschwein. Ich versuche, nicht darüber nachzudenken, wie viel inzwischen darin ist, damit ich richtig überrascht und begeistert sein kann, wenn ich es schließlich zähle. Normalerweise nehme ich das Geld alle paar Monate heraus und bringe es hinunter zu einem dieser Supermärkte, wo es Maschinen gibt, die einem das Kleinmetall in handliche Scheine wechseln. Das ist immer ein Fest. Mit dem Geld bereite ich dann meinen Brüdern eine besondere kleine Extrafreude. Wir waren schon mal zum Bowlen. Das war ein Riesenspaß. Interessanter Sport übrigens, wenn man wie ich eine Kutte trägt. Ein anderes Mal sind wir alle Pizza essen gegangen – für mich gab es Schinken und Ananas. Wir waren im Kino und haben uns ein ganz kleines bisschen ungehörige Filme angeschaut. Und alles mögliche andere. Und all diese Extrafreuden wurden mit Freundlichkeiten bezahlt. Ich finde das herrlich.

Und es ist so – ich kann mich irren, aber ich habe den Verdacht, dass jeder von uns so eine Art Sparschwein im Himmel hat. Wenn Sie das sechste Kapitel des Matthäusevangeliums lesen, werden Sie sehen, dass Gott immer dann, wenn wir etwas Gutes, Freundliches und Richtiges tun, ein bisschen Geld für uns dort hineinsteckt. Und Jesus sagte ja auch, dass wir uns Schätze im Himmel sammeln sollen, nicht wahr? Ich weiß nicht, ob Pizza Hut eine Filiale im Paradies hat, aber ich bin ganz sicher, dass wir eine Menge Spaß dabei haben werden, unsere Ersparnisse auszugeben. Also werfen Sie großzügig und verschwenderisch mit Ihrer Liebe um sich. Lassen Sie Ihr Konto anschwellen. Katsching! Gottes Finanzinstitute sind erheblich sicherer als irgend so eine isländische Bank, das kann ich Ihnen versprechen."

Ich hatte eine letzte Frage zu stellen. Mit einer Antwort rechnete ich nicht.

„Pater John, warum lässt Gott es zu, dass Leuten, die ihm vertrauen und an ihn glauben, furchtbare Dinge passieren?"

Es war, als wäre diese unmögliche Frage in einen finsteren Abgrund hineingefallen. Der alte Mönch starrte aus dem Fenster. Sein Gesicht war grau, und tiefer Schmerz zeichnete sich darin ab. Endlich sprach er, ganz sanft und bedächtig.

„Weil – weil er zu liebevoll und zu selbstlos ist, um etwas anderes zu tun."

Es war keine Zeit mehr, aber diese Worte klangen wie eine ferne, seltsam vertraute Glocke nach, während wir aufstanden und uns auf den Weg in die Kapelle machten.

Es gab vier bemerkenswerte Punkte in unserem ansonsten ziemlich konventionellen Gottesdienst. Eines war das Theaterstück, das Thomas Grimaldi mit einer Kindergruppe vorbereitet hatte. Das Bemerkenswerte daran war, dass das nie hätte passieren dürfen.

Ich wünschte wirklich, die Leute würden mir zuhören, wenn ich etwas sage. Ich erinnere mich deutlich, dass ich George Farmer, als er sich erbot, ein Theaterstück für den Gottesdienst zu organisieren, gesagt hat, es sei nicht ratsam, das Angebot des greisen Mr. Grimaldi, sich daran zu beteiligen, anzunehmen. Dann dachte ich nicht weiter daran, und beim Planungstreffen war George natürlich verhindert ... Thomas Grimaldi war von einer westlich von uns gelegenen Gemeinde namens St. Yoricks zu uns gekommen, um „Italien näher" zu sein. Drei Meilen näher, um genau zu sein. Sein früherer Pfarrer hatte Dennis vorgewarnt, Mr. Grimaldi sei besessen von der Rolle und Geschichte Italiens im Zweiten Weltkrieg, und insbesondere von der Hinrichtung Benito Mussolinis. Erst kurz vor dem Beginn des Gottesdienstes erfuhr ich, dass George ihm aus irgendeinem wahnwitzigen Grund erlaubt hatte, mit einigen der kleineren Kinder ein separates kleines Theaterstück für den Gottesdienst vorzubereiten und ihnen ein Lied beizubringen. Warum lassen sich manche Leute so leicht von anderen Leuten einwickeln?

Machte mich auf meinem Stuhl in der vordersten Reihe so klein wie möglich und sah mit Grauen dem Moment entgegen, in dem Grimaldi und sein kleines Ensemble auftreten würden.

Als das „kleine Theaterstück" schließlich begann, wirkte es wie eine Szene aus einem jener grausigen Tarantino-Filme, die Gerald immer so sehr mochte. Sah mit blankem Entsetzen eine Schar von vier oder fünf Kindern eine lebensgroße Puppe aus mit Zeitungspapier ausgestopften Kleidern in die Mitte der Szenerie zerren, eine Schlinge um ihren Hals legen und an einem primitiven Galgen aufhängen, den Grimaldi und ein kleines, streng dreinblickendes Mädchen mit Rattenschwänzen herbeihievten. Sodann brach die ganze Gruppe in Jubel aus, schwang die Fäuste und sang zwei oder drei Mal voller Inbrunst die folgenden Worte:

Der fiese Faschist, der hat jetzt ausregiert, giert, giert, jetzt wird er aufgeknüpft bis er krepiert, piert, piert!

Allenthalben Schock und Bestürzung über dieses abscheuliche Spektakel unter Eltern und anderen, die vielleicht eher etwas wie „Auf der Mauer, auf der Lauer sitzt 'ne kleine Wanze" erwartet hatten. War neugierig, wie Grimaldi dieses Gräuel ins Thema des Gottesdienstes einbinden würde. Er schnappte sich ein Mikrofon vom Ständer und wandte sich an die Versammelten wie eine Art Guerillaführer, der Truppen für einen Angriff auf Rom mustert.

„Und so sähann wirr, dass allä Besen zuletztä von därr Gärräktikeit eingeholtä wärrdänn. Mussolini und sogarrä Satan sälbst wärrdänn sik beugänn vorr därr Machtä därr Liebä, die alläs besiegtä. *La vittoria al potere die amore!* Amen!"

Ich glaube, der italienische Satz bedeutet so viel wie „Sieg der Macht der Liebe". Letzten Endes doch irgendwie auf merkwürdige, überraschende Weise eindrucksvoll, wenn ich auch vermute, dass es Grimaldi mehr um die Macht ging als um die Liebe. Konnte mir nur ausmalen, was manche der Eltern davon hielten, dass ihre Kinder eine öffentliche Hinrichtung mimten. Ich erinnere mich, dass jemand einmal sagte, Christen ließen sich nur dann gerne geistliche Nahrung verabreichen, wenn selbige ihnen zuvor kleingeschnitten und am besten auch gleich vorgekaut worden sei. Grimaldis Darbietung neigte ziemlich weit zum anderen Ende des Spektrums. War eher so etwas wie ein dicker, harter Brocken altes Brot, der an einem Stück heruntergeschluckt und verdaut werden musste.

Das zweite Bemerkenswerte war Pater Johns Predigt. Erwartungsvolle Stille, als er sich nach vorn begab, um zu sprechen. Wie er da vorne saß, sah er aus wie ein Mantel, der achtlos auf einem Stuhl abgelegt worden war, aber aus seinen Augen leuchtete die gelassene, unkomplizierte Weisheit eines geliebten Kindes. Hier sind seine Worte:

Herzlichen Dank dafür, dass Sie mich gebeten haben, bei Ihrem Gottesdienst ein paar Worte zu sagen. Ich mache so etwas nicht mehr sehr oft, aber ich kenne eine Ihrer beiden liebenswerten Gemeinden nun schon seit vielen Jahren, und ich bin zuversichtlich, dass Sie so freundlich sein werden, meinen Unsinn durchzusortieren und zu sehen, ob etwas dabei ist, bei dem es sich lohnt, es zu betrachten und weiterzugeben oder eine Weile darüber nachzudenken.

Heute Morgen möchte ich uns allen zwei Dinge vorschlagen. Erstens denke ich, könnten wir Gott sehr herzlich dafür danken, dass er so nachsichtig ist und uns ständig – wie soll ich es ausdrücken? – ein Stück Leine nachgibt. Ich glaube, das ist der Ausdruck, nach dem ich suche.

Ich möchte Ihnen eine der großartigen Geschichten aus dem Alten Testament erzählen. Die meisten von Ihnen werden diese Geschichte bereits sehr gut kennen. Es ist die Geschichte eines Feldherrn. Sein Name war Naaman. Ich neige dazu, mir mit Bibeltexten ein paar Freiheiten zu nehmen. Wenn Sie also die Passage mitverfolgen und über meine Häresien Buch führen wollen, Bernard, finden Sie sie im fünften Kapitel des zweiten Buches der Könige."

Hektisches Papiergeflatter aus Bernards Richtung und gemurmeltes Wiedererkennen von vielen anderen Zuhörern, einschließlich meiner Wenigkeit. Ich erinnere mich, vor sechzig Jahren einmal eine Naaman-Figur aus einem Stück einer Cornflakes-Packung gebastelt und ins Waschbecken getaucht zu haben, um zu sehen, ob die kleinen Lepraflecken, die ich ihm aufgemalt hatte, dadurch abgewaschen würden. Wurden sie auch, irgendwie, aber rein hätte ich ihn nach dieser Prozedur nicht unbedingt genannt. Eher aufgeweicht und verschmiert. Pater John fuhr fort:

„Eigentlich war Naaman ein guter Mann, glaube ich. Schließlich hörte er auf den Rat von Kindern und Dienern. Das ist immer ein gutes Zeichen. Und sein Herr, der König eines Landes namens Aram, schien ihn sehr zu schätzen. Er gab ihm ein hilfreiches Empfehlungsschreiben mit nach Israel und lud ihm alle möglichen Schätze auf, die er dem Propheten Elisa anbieten sollte, damit dieser ihn von einer grauenhaften Krankheit heilte, die wohl so ähnlich war wie das, was wir heute Lepra nennen.

Vielleicht trug Naaman die Nase ein *kleines* bisschen zu hoch. Als Elisa sich nicht einmal die Mühe machen wollte, zu ihm herauszukommen und ihn zu begrüßen, und stattdessen lediglich einen Diener schickte, um ihm sagen zu lassen, er solle sich sieben Mal im Jordan baden, schnappte er ein und war sauer.

,Ich werde nicht in eurem dreckigen, stinkenden alten Fluss baden', sagte er. ,Zu Hause haben wir selbst ein paar schöne, breite, saubere Flüsse. Neben denen ist euer fauliger, versiffter Jordan nur ein giftiges kleines Rinnsal. Und überhaupt, dein sogenannter Prophet hatte noch nicht einmal die Manieren, zu mir herauszukommen und mit mir zu reden, als ich zu ihm kam. Ich bin ein bedeutender Mann, weißt du. Ich könnte euch hier eine Menge Schwierigkeiten machen, wenn ich wollte. Vielleicht hätte ich gut Lust dazu! Also, zum Kuckuck mit ihm und seinem Sieben-Mal-in-Schlammbrühe-baden-Blödsinn! Ich gehe nach Hause!'

Und so marschierte er stolz wie ein Spanier wieder ab in Richtung Aram. Lepra hatte er freilich immer noch. Aber wie gesagt, so ganz verkehrt scheint dieser Mann nicht gewesen zu sein, denn seine Diener scheuten sich nicht, ihm zu sagen, was sie dachten.

‚Hör mal, Herr, du bist doch nicht hergekommen, um auf die Schulter geklopft zu bekommen', sagten sie. ‚Du bist hergekommen, um geheilt zu werden. Und du willst doch auch geheilt werden. Wir wollen, dass du geheilt wirst. Wieso kehrst du nicht einfach noch einmal um, suchst dir eine schöne, flache Uferstelle unten am Fluss, hältst dir die Nase zu, wenn du dich damit besser fühlst, und machst einfach, was der Prophet dir gesagt hat?'

Also ging er hin. Sieben Mal tauchte er zwischen den vermutlich höchst erstaunten Fischen unter, und nach dem siebten Mal war er tatsächlich geheilt! Und er war überglücklich und außerordentlich dankbar. ‚Von jetzt an werde ich den Gott Israels anbeten', verkündete er, als er zurückging, um sich bei Elisa zu bedanken, der wohl diesmal sogar herauskam, um ihn zu begrüßen. ‚Du willst ja keine Geschenke annehmen, wie du sagst, was ich sehr schade finde. Aber wenn ich darf, würde ich gerne eine Ladung Erde aus deinem Land mitnehmen, auf der ich dann niederknien kann, wann immer ich deinen wunderbaren Gott preisen möchte, der meine Haut wieder so rein gemacht hat wie die eines kleinen Jungen.'

Bis dahin also alles in bester Ordnung, nicht wahr? Aber was ich uns heute Morgen vor Augen führen möchte, ist das, was jetzt als Nächstes kommt. Wissen Sie, Naaman wollte sich nämlich gerade wieder fröhlich auf den Weg machen, als er plötzlich stehen blieb, eine sorgenvolle Miene zog, sich am Kinn kratzte und noch einmal zu Elisa sprach.

,Äh, da ist nur ein kleines Problem!', sagte er.

,Na, dann spuck's aus', erwiderte Elisa – so redeten damals die Propheten, wissen Sie.

Bernard Masters rutschte unbehaglich auf seinem Stuhl herum und hätte beinahe etwas in sein Notizbuch geschrieben.

,Es ist so', fuhr Naaman fort, ,wenn ich wieder nach Hause komme, wird mein Herr, der König, von mir erwarten, dass ich mit ihm in den Tempel des Rimmon gehe (Rimmon ist der Gott unseres Volkes, an den ich nicht mehr glaube, falls du noch nichts von ihm gehört hast). Und wenn sich dann der König vor ihm verneigt, werde ich mich auch verneigen müssen, weil er sich wie immer auf meinen Arm stützen wird. Also, meine Frage ist – darf ich das? Ist das in Ordnung? Oder nicht? Oder was? Muss ich für meinen Glauben geradestehen?'''

Pater John hielt inne und blickte in die Runde der Versammelten.

„Also, war das in Ordnung – oder nicht? Was meinen Sie?"

Wieder Stille im Raum.

„Ich habe irgendwie den Eindruck", fuhr er mit einem seltsamen kleinen Lächeln fort, „dass eine ganze Menge Christen in unserer ach so aufgeklärten Zeit angesichts dieser Frage in einer ähnlichen Situation sagen würden: ‚Oh nein! Keine Chance. Wer dem einen wahren Gott dienen will, der darf keine Kompromisse eingehen. Er steht ein für das, was er glaubt, egal, was für Konsequenzen das hat.' Und deshalb ist es umso interessanter und überraschender, dass Elisa Naamans Frage mit diesen vier Worten beantwortete: ‚Gehe hin in Frieden!'

Mehr sagte er nicht, und mehr schien auch in dieser speziellen Situation nicht nötig zu sein. Durch einen Propheten, dem es wichtiger war, das echte Flüstern des Heiligen Geistes zu hören, als blind irgendwelchen Verhaltensmustern und hergebrachten Auffassungen zu folgen, gab Gott für Naaman ein Stück Leine nach, und dafür war dieser neue Nachfolger des einen wahren Gottes wahrscheinlich noch dankbarer, als er es vorher schon gewesen war, meinen Sie nicht? Ist es nicht wunderbar, wenn man gesagt bekommt, man dürfe in Frieden hingehen, wenn man eigentlich damit rechnet, eine schallende Ohrfeige zu bekommen oder vom Blitz erschlagen zu werden?"

Wieder ließ Pater John seinen Blick durch den Raum schweifen. Anne hatte den Eindruck, sagte sie mir hinterher, dass er mit Mühe irgendeine ungebärdige Leidenschaft in seinem eigenen Innern in den Griff zu bekommen versuchte. In seinen Augen funkelten unvergossene Tränen, als er weitersprach.

„Meine lieben, lieben Freunde, ich kenne im ganzen Universum keine vier schöneren Worte. Und nur einer hat die

Vollmacht, ihnen tatsächlich die Bedeutung zu geben, die in ihnen liegt, und uns zu geben, was sie uns anbieten. Wenn ich abends in mein Zimmer gehe und Jesus sage, dass ich wieder einmal auf der ganzen Linie versagt habe, dann lächelt er mich voller Zuneigung an und sagt: ‚John, mein Freund, deine Sünden sind vergeben. Gehe hin in Frieden.‘ Und dann geschieht ein Wunder. Ich bin vollkommen frei von Sünde, und das für, oh, manchmal für eine volle halbe Sekunde. Aber das Lächeln – oh, das Lächeln hält viel, viel länger an. Wo bleibt die Liebe? Sie ist genau dort – in diesem Lächeln.

Bitte lassen Sie sich von Gott ein wenig Leine nachgeben. Machen Sie sich an die Arbeit und tun Sie heute Ihr Bestes, und wenn es dann Abend wird und Sie das Ziel verfehlt haben, dann sagen Sie einfach zu ihm: ‚Es tut mir sehr leid, ich habe mir Mühe gegeben, aber ich schaffe es einfach im Moment nicht ganz.‘ Und er wird antworten: ‚Schon gut. Entspann dich. Wir reden morgen weiter. Schlaf gut. *Gehe hin in Frieden.*‘“

Die Luft schien bis zum Bersten angefüllt zu sein mit einer unausgesprochenen Frage.

Kann das denn wirklich, ehrlich wahr sein?

Pater Johns Augen schweiften wieder durch den Raum.

„Manchen von uns fällt es unendlich schwer, das zu glauben, nicht wahr? Nun, diejenigen unter uns, die von einer schuldgefühlfreien Ernährung nicht leben können, brauchen sich keine Sorgen zu machen. Wenn eine Ohrfeige oder ein Blitzschlag das ist, was wir wirklich wollen oder brauchen, dann ist er durchaus imstande, uns auch das zu servieren.“

Kräftiger Ausbruch befreiten Gelächters. Anne beugte sich zu mir und flüsterte: „Warum macht uns die Aussicht, frei von Schuld zu sein, eigentlich immer so zu schaffen?“

„Das Zweite, was ich uns heute gerne vorschlagen möchte, ist, dass wir Gott auch ein Stück Leine nachgeben. Er gibt sich unendlich viel Mühe für uns, wissen Sie, größtenteils hinter den Kulissen, und sehr oft sehen die Ergebnisse nicht sehr beeindruckend aus. Wir beten für Kranke, und sie sterben. Wir bitten Gott, einzugreifen, und er tut es nicht. Wir sehnen uns nach tiefem Frieden, und stattdessen tobt ein heftiger Sturm, sei es um uns her oder in unserem Innern. Wir wünschen uns einen Menschen, den wir lieben können, aber wir finden einfach keinen. Wir schreien zu ihm und fragen, warum er uns verlassen hat, aber es kommt keine Antwort. Obwohl ihm alle Engel zur Verfügung stehen, lässt er uns am Kreuz hängen. Manchmal bricht es ihm das Herz, dass er uns nicht geben kann, was wir wollen, nicht zuletzt deshalb, weil er sich selbst so tief verwunden ließ, um uns zu geben, was wir brauchen. Versuchen Sie bitte, seinen Schmerz nicht noch schlimmer zu machen. Geben Sie ihm ein Stück Leine nach, ja? Ich glaube, es wird alles gut am Ende. Jetzt, wo ich mich den letzten Tagen meines Lebens nähere, ist meine Gewissheit stärker als je zuvor, dass, wie die gute alte Juliana einst schrieb, vielleicht bei einer guten Tasse Kaffee in dem Café bei der Krypta von St. Andrews im wunderschönen Norwich, auf jeden Fall alle Dinge gut sein werden.

,Gehet hin in Frieden, um den Herrn zu lieben und ihm zu dienen.' Das sagt der Priester am Ende der Kommunionsfeier. Und es sind weise Worte. Ohne den Balsam der Vergebung und die Verheißung des Friedens werden wir den Schmerz der Liebe und des Dienens nicht ertragen können. Das kann ich bezeugen. Amen."

Während Pater John sich mit ächzenden Gelenken von seinem Hocker erhob, stimmte Duncan Whitton am Klavier ohne jegliche Vorrede die ersten Takte des herrlichen Chorals „Mir ist wohl in dem Herrn" an, den Horatio Spafford 1873 schrieb, während er über jenen Teil des Atlantiks segelte, wo seine vier Töchter auf dem Weg von Amerika nach Europa ertrunken waren. Anne und ich wechselten einen Blick. Spaffords tapfere, wilde, törichte, weise Worte waren uns schon immer sehr zu Herzen gegangen. Das taten sie auch jetzt, besonders nach dem, was wir eben von Pater John gehört hatten. Überall im Raum ramponierte Herzen. Und die Leidenschaft, mit der Duncan spielte! Hätte man von einem so sanftmütigen Mann nie erwartet. Vielleicht war es ja für ihn eine frische Ausdrucksform. (Am besten frage ich Alvin Dekkle, wie er darüber denkt.) Der Text des Chorals wurde auf die Leinwand projiziert, aber ich kenne ihn sowieso fast auswendig.

Wenn Friede mit Gott meine Seele durchdringt,
ob Stürme auch drohen von fern,
mein Herze im Glauben doch allezeit singt:
Mir ist wohl, mir ist wohl in dem Herrn.

Mir ist wohl in dem Herrn!
Mir ist wohl in dem Herrn!
Mir ist wohl, mir ist wohl in dem Herrn!

Wenn Satan mir nachstellt und bange mir macht,
so leuchtet dies Wort mir als Stern:
Mein Jesus hat alles für mich schon vollbracht.
Ich bin rein durch das Blut meines Herrn.

Mir ist wohl in dem Herrn!
Mir ist wohl in dem Herrn!
Mir ist wohl, mir ist wohl in dem Herrn!

Die Last meiner Sünde trug Jesus, das Lamm,
und warf sie weit weg in die Fern'.
Er starb ja für mich auch am blutigen Stamm.
Meine Seele lobpreiset den Herrn.

Mir ist wohl in dem Herrn!
Mir ist wohl in dem Herrn!
Mir ist wohl, mir ist wohl in dem Herrn!

O eile, mein Herr, und lass kommen den Tag;
mein Glaube sieht ihn schon von fern.
Die Wolken vergeh'n, die Trompete erschallt.
Halleluja, ich bin bei dem Herrn.

Mir ist wohl in dem Herrn!
Mir ist wohl in dem Herrn!
Mir ist wohl, mir ist wohl in dem Herrn!

Als dieser anschwellende Refrain zum zweiten Mal den
Raum erfüllte, konnte ich schon kaum mehr die Tränen zu-
rückhalten. Ich spürte, wie Joseys zarte Gestalt sich ganz leicht
gegen meine Schulter lehnte, und ich betete innerlich wie ein
verängstigtes Kind.

„Gott – Vater, wenn du das wirklich bist. Mach, dass alles
gut wird. Lass Pater John nicht sterben und verschwinden und
nicht mehr existieren. Sei bitte da, um ihn anzulächeln, seine
Hand zu nehmen und ihm den Ort zu zeigen, den du für ihn
vorbereitet hast. Und bitte kümmere dich um all die Menschen, die mir am Herzen liegen. Anne und Gerald und Cameron und Josey. Josey, Herr. Ich glaube nicht, dass uns wohl sein
wird im Herrn, wenn sie stirbt. Lass sie nicht sterben. Und

wenn doch – ach, lass es einfach nicht zu. Und Leonard und Angels und all unsere Freunde. Viele von ihnen kriegen das mit dem Christsein nicht sehr gut hin, Vater. Ja, sie machen eigentlich nur Pfusch damit. Das tun wir alle. Bitte nimm dich unserer an, und wenn es möglich ist, schenk uns einen Choral ins Herz, wenn die schlechten Tage kommen. Hilf uns, ehrlich und tapfer zu sein wie Jesus. Ich will kein unnützer ‚Christ‘ mehr sein. Ich möchte bei ihm und bei dir sein – und bei ihnen. Für immer.“

Kein sehr gutes Gebet, jedenfalls kein sehr sortiertes. Aber es kam mir so was von aus dem Herzen.

Das bemerkenswerte Ereignis Nummer drei war das Abendmahl selbst, die von der Kaplanin von Scarleeswanvale mit viel Schwung und Klarheit geleitet wurde. Für mich ist Abendmahl immer bemerkenswert, aber diesmal … Ich war als Erster dran, sodass ich an meinen Platz zurückkehren und allen anderen dabei zuschauen konnte, wie sie nach vorn zum Altargeländer gingen. Da waren sie nun und stellten sich an für einen Vorgeschmack des Himmels. Sie hofften das Beste, waren aber mehr oder weniger bereit, sich an das zu klammern, was sie bekamen oder selbst mitbrachten. All diese verschiedenen Höhen und Tiefen der Leidenschaft und Leere und Furcht, des Glaubens, des Zweifels, der Begeisterung und der dumpfen Verzweiflung.

Gerald und Josey und Cameron und Anne und Richard und Minnie und Betty und Mrs. Duphrane und Reg und Polly und ihre Jungs und Duncan und der nervige Alvin und all die anderen – sie streckten ihre Hände in die Dunkelheit aus und hofften gegen alle Wahrscheinlichkeit, mit ihren Fingerspitzen den äußersten Saum seines Gewandes aus Licht berühren zu können. Es brachte mich zum Weinen. So geht es mir immer.

Und dann das brillante Finale des Gottesdienstes. Ganz am Ende tauschten wir den Friedensgruß, begleitet von einer Aufnahme der wunderbaren Marti Webb, die aus vollem Herzen ihre herrliche Version von „Blow, Gabriel, Blow!" sang. Es artete geradezu in eine Party aus.

War völlig verdattert, als ich aus dem Fenster schaute, kurz nachdem alles durcheinanderzulaufen begann, und Leonard und Angels in Richtung Parkplatz eilen sah. Müssen sich wohl gleich nach dem Beginn des Gottesdienstes hinten hereingeschlichen haben. Brauchte einige Zeit, mich durch die Grüppchen von plaudernden, Friedensgrüße austauschenden Leuten hindurchzuwühlen (darunter Richard Cook, der mich darüber aufklären wollte, dass Juliana von Norwich unmöglich einen Kaffee getrunken haben könne, weil es den zu ihrer Zeit noch gar nicht gab), und als ich endlich den Parkplatz erreichte, sah ich Leonards Auto nur noch in einer Auspuffwolke um die Ecke in Richtung Hauptstraße verschwinden. Warum hatten die beiden es nur so eilig, hier wegzukommen, nachdem sie so lange für den Weg hierher gebraucht hatten?

Bevor wir nach dem Kaffee mit dem Gebetsdienst in der Hexagonal Lounge begannen, sagte Anne: „Adrian, ich finde, wir beide sollten dem Heiligen Geist mehr Raum geben, wenn Leute zu uns kommen, damit wir mit ihnen beten. Weißt du, ich bin es ein bisschen leid, Gott eine Zusammenfassung unseres Gesprächs zu geben, nachdem wir den Leuten zugehört haben, so als könnte es sein, dass er irgendeinen wichtigen Punkt nicht mitgekriegt hat. Wie wäre es, wenn wir ausnahmsweise einmal versuchen, nichts zu sagen, falls wir nicht tatsächlich etwas zu sagen haben?"

Hörte sich ein bisschen radikal an, fand ich, aber ich ließ mich auf die Idee ein. Manchmal denke ich, Anne und Gott stecken irgendwie unter einer Decke, wenn es darum geht, Entscheidungen zu treffen. Meistens werde ich in der Planungsphase nicht konsultiert. So viel zum Epheserbrief, was?

Die erste Person, die sich zu unserem kleinen Stuhldreieck gesellte, war Mrs. Duphrane. Setzte sich kerzengerade und still auf ihren Stuhl, schaute aus dem Fenster über die Felder und sagte nichts. Plötzlich wurde mir klar, dass ich keine Ahnung hatte, wie sie mit Vornamen hieß. Auf den Namensschildern, die in Scarleeswanvale verteilt werden, stehen die Namen in sehr kleiner Schrift. Das kann zu peinlichen Momenten führen, besonders, wenn man ein Mann ist und sich dabei ertappt, aus nächster Nähe auf eine Seite der Brust einer Dame zu starren. Mir fehlt die unverblümte Frechheit, die Gerald an sich hatte, als er jünger war. Er fragte Frauen immer ganz unbekümmert: „Und wie heißt die andere?" Anne hat deswegen immer geschimpft, aber ich erinnere mich nicht, dass irgendjemand je deswegen beleidigt gewesen wäre.

Das Problem, wenn man für jemanden beten soll und nicht weiß, wie die Person heißt, ist, dass man während des Gebets immer neue Umschreibungen für den Namen finden muss.

„Herr, wir bringen unsere Schwester hier vor dich …" (*deren Namen wir nicht kennen*).

„Vater, deine Dienerin leidet großen Mangel …" (*an einem erheblich größeren Namensschild*).

„Herr, du kennst dieses dein Kind so viel besser als wir …" (*kann man wohl sagen*).

„Wir wissen, ihr Name steht im Buch des Lebens geschrieben …" (*könntest du ihn vielleicht kurz nachschlagen und uns per SMS schicken?*).

Anne sagte: „Mrs. Duphrane, es tut mir leid, aber ich glaube, ich weiß gar nicht, wie Sie mit Vornamen heißen."

A-a-a-ah, clever! Darauf wäre ich nie gekommen …

Mrs. Duphrane wandte Anne für einen Moment ihr Gesicht zu und erwiderte leise und deutlich: „Ich heiße Daphne." Sie lächelte schwach. „Ja, das ist ein bisschen so, als ob man einen Trilobiten gefunden hätte, nicht wahr? Entschuldigung, das ist ein Hobby von mir. Trilobiten. Eine ausgestorbene Klasse meeresbewohnender Gliederfüßer aus dem Paläozoikum, die in fossiler Form überall auf der Welt zu finden ist. Wir Daphnes werden in ein paar Jahren wahrscheinlich auch ausgestorben sein. Dann sind wir auch nur noch vertrocknete alte Fossilien. Vertrocknet und ausgestorben."

Dann wandte sie ihr Gesicht ab und starrte wieder aus dem Fenster.

Hatte das Gefühl, dass wir unbedingt etwas sagen sollten. Schaute Anne an, aber sie schüttelte nur unmerklich den Kopf. Schien ungefähr drei Jahre zu dauern, bis Daphne Duphrane sich wieder an uns wandte. Ihre Miene war ausdruckslos; nur eine einzige große Träne quoll aus einem ihrer Augen wie ein flüssiger Felsen, rann an ihrer Wange herab und landete mit einem winzigen „Platsch!" auf ihrem leberfleckigen Handrücken.

„Ich bin allein und einsam", sagte sie trostlos. „Thomas war mein Freund und mein Ehemann, und wir konnten keine Kinder bekommen. Thomas war der erste und höchstwahrscheinlich auch der letzte Mensch, der mich geliebt, mit mir gelacht und mich festgehalten hat, wenn die Dunkelheit, die tiefer ist als die Nacht, sich in meiner Seele breitmacht. Ich bin fürchterlich reich und gutgestellt, aber ich komme mir inzwischen vor wie eines dieser prachtvollen, aber verwahrlosten edwardianischen Herrenhäuser, die man in ölreichen Ex-Sowjetrepubliken sieht. Ich bin verblichen und voller Risse und sacke allmählich ab wie der Flügel eines Hauses, der im Boden versinkt, weil alle

Feuchtigkeit aus dem Lehm darunter sich verflüchtigt hat. Verzeihen Sie. Widerliche Metapher."

Sie hielt inne. Wieder blickte ich hilflos zu Anne hinüber, aber ihre Miene blieb ausdruckslos.

„Ich weiß, dass es keinen Gott gibt", fuhr Daphne fort, „und dass ich – verloren bin."

Anne fragte leise: „Warum sind Sie zu dieser Freizeit mitgekommen, Daphne?"

Sie zupfte ein Spitzentaschentuch aus ihrem teuren Ärmel und tupfte sich damit die Augen. Einer ihrer Mundwinkel zuckte und sank ein wenig herab, als sie antwortete.

„Wegen Ihres Sohnes. Gerald. Er ist ein Lichtschimmer am Horizont."

Mein Sohn ist ein Lichtschimmer am Horizont? Mein Sohn ist ein Lichtschimmer am Horizont.

„So ein alberner Kerl …" Sie lachte heiser. „Und so – so voller freundlicher, gesprächiger Liebenswürdigkeit von einer ganz ungewöhnlichen Art. Außerdem ist er ein miserabler Golfspieler, genau wie ich es immer war, als wir noch – Thomas und ich haben gerne gelegentlich eine Runde gespielt, aber ich habe es nie richtig hingekriegt."

Anne und ich sahen einander an. „Frag nicht!", signalisierte sie mir mit einer Augenbraue.

„Ich war zufällig in so einer großen, roten, grabähnlichen Kirche, weil ich zu irgendeiner Kausalität eingeladen war, oder wie das heißt. Kam mir vor wie in einem Supermarkt. Ein Supermarkt ist mir eigentlich lieber. Da gibt es wenigstens nicht nur einen Gang. Überhaupt hat man da viel mehr Auswahl – und singen muss man auch nicht. Aber Ihr Gerald war der Gastprediger. Muss wohl mit den Stars der Show befreundet gewesen sein, nehme ich an.

In seiner Predigt sprach er darüber, warum er immer noch Christ bleibt, selbst wenn alles finster und hoffnungslos erscheint. Es ist, wie wenn man saumäßig schlecht Golf spielt, sagte er. (An der Stelle spitze ich natürlich die Ohren – mit so etwas hatte ich nicht gerechnet.) Hin und wieder, mitten in einer Runde, in der absolut gar nichts klappt, wenn man sich gerade ganz sicher ist, dass man am besten die Schläger im nächsten Teich versenkt, damit sie ihr feuchtes Grab mit den Dutzenden von alten Golfbällen teilen können, die dort schon liegen, gelingt einem plötzlich ein nahezu perfekter Chip aufs dreizehnte Grün. Und auf einmal verändert sich alles. Die Berührung des Eisens mit dem Ball ist so wunderbar, so vollkommen, eine so absolut treffende Verkörperung dessen, wie diese traurige Welt eigentlich sein sollte, dass man sich sagt: ‚Ach, ich *liebe* dieses herrliche, großartige Spiel! Wenn ich einmal – nur einmal so einen Schlag hinbekommen habe, dann besteht zumindest eine hauchdünne Chance, dass es mir wieder gelingen könnte. Und dann noch einmal! Und dann immer wieder! Ich *liebe* Golf!‘

‚Wenn man das alles bedenkt‘, sagte er, ‚scheint mir, dass Jesus nachzufolgen das beste Spiel ist, das es gibt, und deshalb, glaube ich, werde ich es noch eine Weile weiterspielen. Ich hoffe, mir gelingen ein paar anständige Schläge. Ich träume davon, einmal einen Ball mit einem Schlag einzulochen. Ich mache weiter, bis ich beim Clubhaus angekommen bin.‘

Das waren seine Worte. Als er mir später am Ausgang die Hand schüttelte, fragte ich ihn: ‚Wann und wo schlagen Sie normalerweise ab?‘ Heller Bursche. Wusste sofort, was ich meinte. ‚Elf Uhr in St. Jims‘, sagte er. ‚Kommen Sie nicht um neun Uhr dreißig. Da ist die Hälfte der Leute angezogen wie verhinderte Zeugen Jehovas, und die andere Hälfte feiert Gottesdienst, als ob sie gleich aufgehängt würde. Kommen Sie lieber um elf. Da ist es, als hätte man die Schlange von der Bushaltestelle nach drinnen geholt. Viel interessanter.' Also fing ich an, dort hinzugehen. Und ich gehe immer noch. Nicht, dass ich das ganze Zeug glaube. Aber ich glaube ein bisschen an Gerald. Er bringt mich zum Lachen. Hin und wieder macht er so einen ganz kleinen, netten Schlenker ins Vulgäre. Und er nimmt es sehr ernst damit, sich selbst nicht zu ernst zu nehmen. Deswegen gehe ich hin. Er ist ein – Lichtschimmer."

Dann wandte sie ihr Gesicht dem Fenster zu, und der trostlose Vorhang begann sich wieder zu senken. Empfand ein panisches Bedürfnis, irgendetwas zu sagen – egal was –, um Gott für Daphne real werden zu lassen. Aber es kamen keine Worte. Ich hatte keine. Fällt mir ja schon schwer genug, ihn für mich real werden zu lassen. Dann fing ich zu meinem Entsetzen plötzlich an, zu weinen wie ein Baby. Konnte einfach nicht aufhören. Dann fing Anne auch an. Einen Augenblick später drehte sich Daphne um und streckte ihre Arme zu uns aus. Ihre Unterlippe begann zu zittern, und sie brach in Tränen aus. Schließlich hielten wir alle drei uns aneinander fest und weinten eine Ewigkeit lang. So etwas habe ich noch nie erlebt.

Zum richtigen Beten sind wir gar nicht gekommen – oder?

Hinterher, als sich die allgemeine Feuchtigkeit ein wenig verflüchtigt hatte, sagte Daphne Duphrane: „Tja, das war ein bisschen bizarr, um es milde auszudrücken, aber ich schätze, es hat uns allen Vieren ziemlich gut getan."

„Allen Dreien, meinen Sie", korrigierte ich.

Die beiden schauten mich an, als wäre ich ein wunderliches kleines Kind.

Mir kommt es so vor, als verbrächte ich einen Großteil meines Lebens mit zwei verschiedenen Arten von Reisen. Eine davon ist der beständige Kampf, zurück aufs Startfeld zu kommen. In seiner gröbsten Form bedeutet das zum Beispiel, dass ich, wenn ich anbiete, nach dem Essen den Tisch abzuräumen, höchstwahrscheinlich ein Glas Rotwein umstoße (es ist unweigerlich immer Rotwein) und die nächsten zehn Minuten – oder mehr, falls ich sofort sechs völlig gegensätzliche Meinungen darüber zu hören bekomme, wie man den Fleck am besten beseitigt – fieberhaft daran arbeite, zurück zu dem Punkt zu kommen, wo ich mit der Arbeit beginnen kann, die ich mir eigentlich vorgenommen hatte. Die andere Art von Reise ist jene viel begangene kleine Strecke, die geradewegs vom Erhabenen zum Lächerlichen führt. Genauso fühlte sich der Übergang von unserer Begegnung mit Daphne zu dem einzigen anderen Menschen an, für den Anne und ich an diesem Vormittag beteten.

Es war ein Mann aus Geralds Gemeinde, der sich am Freitagabend als „Downton Grange – kein Haus, sondern eine Person" vorgestellt hatte.

Downton ist ein untersetzter, gutmütiger Bursche mit blondem Stoppelhaarschnitt und einem starken Akzent, der seine Herkunft aus dem Black Country verriet, dem alten Kohlerevier in der Nähe von Birmingham. Wie er uns erzählte, hatte er die meiste Zeit seines Lebens in Tipton zugebracht, „wo der Zoo ist". Diesmal keinerlei Schwierigkeiten, sich zu öffnen. „Mein Problem", sagte er, „ist, dass ich mich ab und zu dabei ertappe, dass ich genauso rede und mich benehme wie Neil Kinnock. Wissen Sie noch? Dieser rothaarige Typ, der am Strand ins Wasser fiel. Das wurde dann dauernd im Fernsehen gezeigt und tat seinem Ruf nicht besonders gut."

Diesmal keine Notwendigkeit, uns irgendwelche Plattitüden zu verkneifen. Im Gegenteil, eine gute, solide Plattitüde wäre jetzt sehr willkommen gewesen. Begnügte mich damit, eine Weile feierlich zu nicken. Versuchte, so auszusehen, als ob ich bedachtsam hilfreiche, vom Heiligen Geist inspirierte Gedanken in meinem Innern bewegte. Die lächerliche Frage, die mir schließlich einfiel, war so tölpelhaft und irrelevant, dass ich jetzt noch rot werde, wenn ich daran denke.

„Nun, Downton", erkundigte ich mich ernst, „sind Sie denn selbst auch Mitglied der Labour Party?"

Doch er schien die Frage sehr ernst zu nehmen.

„Das ist ja das Komische", sagte er. „Ich bin überhaupt nicht sozialistisch eingestellt und habe auch überhaupt keine Verbindung zu Wales, abgesehen von einem tiefen, brennenden Ehrgeiz im Hinblick auf Snowdon."

Verlor vollends die Orientierung.

Anne schaltete sich ein: „Downton, es ist gleich Zeit fürs Mittagessen. Ich glaube, wir sollten einfach jetzt kurz für Sie beten und dann vielleicht später noch einmal zum Gebet zusammenkommen, ja?"

Und so betete Anne, Downton möge von jeglichem Zwang, sich kinnocksche Marotten anzueignen, befreit werden. Schaffte es irgendwie, das irre Gelächter zu unterdrücken, das von meinem Zwerchfell aufsteigen wollte, als sie die Worte sprach. Kaum hatten wir alle das „Amen" intoniert, erklang die Fünfminutenglocke zum Mittagessen. Auf dem Weg zum Speisesaal sagte Downton: „Wissen Sie, ich glaube, ich bin geheilt. Nein, ich weiß *genau*, dass ich geheilt bin. Ganz herzlichen Dank Ihnen beiden."

Empfand so etwas wie Stolz, so lächerlich es in dem Moment erschien. Sagte vor dem Essen beiläufig zu Gerald: „Übrigens, hatte gerade eine Gebetserhörung mit einem von deinen Leuten. Ein Mann namens Downton Grange …"

„Kein Haus, sondern eine Person?"

„Genau der. Er meint, er sei von einer zwanghaften Fixierung auf Neil Kinnock geheilt worden, als deine Mutter und ich für ihn beteten."

„Oh, sehr schön. Als ich für ihn betete, wurde er auch geheilt. Das war das zweite Mal bei mir, glaube ich. Und letzten Monat auch schon zweimal, als jemand anderes es versuchte. Das passiert dauernd, fürchte ich. Kratze an einem Problem, und du findest ein verirrtes Kind. Nächstes Jahr fahre ich mit ihm nach Wales, um auf den Mount Snowdon zu wandern."

„Ist es also das, was er eigentlich will?"

Er überlegte einen Moment.

„Nein. Aber es wird fürs Erste genügen."

Komisch, wenn man entdeckt, dass es Dinge gibt, die man von seinem eigenen Sohn nie geahnt hat.

9 SONNTAGNACHMITTAG

Sehr gutes Sonntagsessen. Als wir aus dem Speisesaal kamen, sagte ich zu Gerald: „Ich musste gerade daran denken, wie du diesen jungen Typen geschuhriegelt hast, der am Freitag so grob zu Gladys war. Hast du keine Angst, du könntest eines Tages gehängt werden?"

Darauf er: „Solange ich es wirklich verdient habe, macht mir das nichts aus. Und überhaupt, mit Joseys Stil, ungeschöntes Feedback zu geben, kann ich nicht allzu viel falsch machen. Sie ist hammerhart. Niemand wird geschont."

Merkte, wie mein Mund sich bewegte, ohne dass Worte herauskamen. Musste richtig überlegen, was ich sagen konnte.

„Ach, eins wollte ich dir noch sagen: Daphne Duphrane meint, du seist ein Lichtschimmer."

„Oh. Also kein Scheinwerfer?"

„Nein, ein Lichtschimmer."

„Nicht einmal eine starke Taschenlampe?"

„Nein, nein, ein Lichtschimmer."

„Nicht einmal eine von diesen winzigen, aber manchmal recht nützlichen Taschenlampen mit einem ganz dünnen Lichtstrahl, die es manchmal als Schlüsselanhänger gibt?"

„Nein, nur ein Lichtschimmer."

Er lächelte.

„Okay, dann will ich damit zufrieden sein. Danke, Paps."

Erzählte ihm ein bisschen mehr darüber, was passiert war, und fragte Gerald, ob er es schlimm fände, dass Anne und ich eigentlich gar nicht mit Daphne Duphrane gebetet hatten.

Er erwiderte: „Weißt du, die Leute zitieren doch ständig Johannes 3,16, nicht wahr?"

„Ja, und?"

„Ich habe noch ein anderes 3,16 gefunden. Es ist im Buch Maleachi."

„Und was steht da?"

„Na ja, du weißt ja, dass Maleachi eine einzige lange Schimpftirade des Schöpfers darüber ist, dass er ständig mit zweitklassigen Dingen abgefertigt wird. Ich glaube, heutzutage würden wir sagen: ‚Gott mag keine Blumen von der Tanke.' Oder so ähnlich."

Dachte einen Moment darüber nach.

„Stimmt."

„Okay, und am Ende kommen ein paar Leute zusammen und reden darüber, wie sie die Sache in Ordnung bringen könnten. Und in Maleachi 3,16 steht, dass Gott ihr Gespräch als Gebet annahm. Gut, was?"

Noch ein Moment.

„Sehr gut. Wirklich sehr gut."

Kurz darauf kam eine SMS von Leonard und Angels.

Tml dss wir so schnll wg snd. Kmn grde rchtztg zu Pater J's Prdgt. Mss 1 tlls WE gwsn sn, wenn alls so gut war. Msstn uns beeilen. Hbn 3 Tge gebrcht, um hinzukmmn, also wrd es wohl Mtte dr Wche, bis wr dhm snd. Angels hat sich in Katys Frnd, den Iren, verliebt. Sie vrstckt sich hntr dr Lndkrte, dmt er nicht eiferschtg wrd. Ist wohl nr ne Schwrmerei. Bs bld. L & A xxxx

Gleich nach dem Mittagessen Plenarrunde in der Hexagonal Lounge. Etliche Leute saßen schon auf gepackten Koffern und brannten darauf, sich auf den Heimweg zu machen, aber auf mein Versprechen hin, dass es nicht länger als eine halbe Stunde dauern würde, ließen sich alle blicken.

Dennis surfte zu Beginn elegant mit einem Gebet ans Ufer. Dann gab ich das Wort frei für jeden, der etwas über das Wochenende sagen wollte. Anne und ich hätten die Freizeit zwar organisiert, sagte ich, aber wir seien beide darauf aus, sowohl negative als auch positive Reaktionen zu hören, damit wir es in Zukunft besser machen könnten. Anne nickte, als ich das sagte, und ich weiß, dass sie es auch so meinte. Was mich betrifft, so war es eine glatte Lüge. Ich hasse jegliche Kritik, besonders die von der konstruktiven Sorte, weil die immer Arbeit mit sich bringt. Musste einfach das Beste hoffen.

War letzten Endes halb so schlimm. Ein älterer Herr aus Geralds Gemeinde beschwerte sich, dass eines der Beine an seinem Bett minimal kürzer gewesen sei als die anderen drei. Deswegen habe er zwei Nächte hintereinander geträumt, er wäre eine über eine hölzerne Fläche rollende Kugel aus einem dieser Spiele, bei denen man an zwei Knöpfen an der Seite eines Kastens drehen muss, um die Kugel auf einem verschlungenen Pfad zwischen allen möglichen Löchern hindurch bis ins Ziel zu befördern.

Fragte ihn, ob ihn das davon abhalten würde, beim nächsten Mal wieder mitzukommen.

Darauf er: „Ja, absolut. Das heißt, nein. Also, wenn ich darüber nachdenke, fand ich meine Träume eigentlich ganz schön, und ich hätte gerne beim nächsten Mal wieder dasselbe Bett. Ich ziehe meine Beschwerde zurück."

Es gab den einen oder anderen Kommentar zum Start des Kinderprogramms am Freitag, aber weitaus mehr Komplimente und sogar eine Runde Applaus für die großartige Arbeit, die

Anne seit Freitagabend geleistet hatte, und für Bettys Beitrag heute Morgen. Ja, meine Anne, was? Thomas Grimaldis kleines Theaterstück erwähnte niemand. Nicht, dass er viel Notiz davon genommen hätte. Ich glaube, in seinem Kopf ist er ganz und gar im fünften Jahrzehnt des letzten Jahrhunderts zu Hause.

Eines war interessant. Etwa in der Mitte der Runde räusperte sich Enid Struthers nervös und hob eine Hand.

„Ja, Enid. Möchten Sie etwas sagen?"

„Ja, ich habe etwas zu sagen."

Sie hielt einen Moment inne und sagte dann in einem Tonfall, der wohl etwas dramatischer ausfiel als beabsichtigt: „Ich bin eine rachsüchtige Frau gewesen."

Sie senkte den Kopf für ein paar Augenblicke. Dann schaute sie wieder auf und sprach weiter, während sie unentwegt ihre verschränkten Finger verdrehte.

„Ich habe immer – mein Leben lang habe ich Verletzung mit Verletzung heimgezahlt, Beleidigung mit Beleidigung, Vernachlässigung mit Vernachlässigung. Mir schien es immer, als hätte ich das Recht, das absolute Recht, sozusagen die Waage auszugleichen. Warum sollten Leute denken, sie könnten mich betrügen oder mir Übles antun, ohne damit rechnen zu müssen, dass sie es in gleicher Weise heimgezahlt bekommen? Mir schien das ein allgemeingültiges Gesetz zu sein. Ich wurde …"

Wieder senkte sie für einen Moment den Blick.

„Ich wurde sehr gut darin. Seit meiner Kindheit konnte ich gut mit Worten umgehen, und diese Fähigkeit habe ich genutzt, um andere anzugreifen und mich selbst zu verteidigen."

Sie seufzte tief.

„Mag sein, dass ich töricht bin, aber dumm bin ich nicht. Ich habe genau verstanden, was Pater John mir bei dieser Versammlung sagen wollte, nachdem ich so gehässig wegen Eamonn und

Patrick gewesen war. Jetzt sehe ich, dass sie zwei ganz normale, nette Jungs sind und dass ihre Mutter sich alle erdenkliche Mühe mit ihnen gibt und es verdient, unterstützt zu werden, statt nur Kritik zu hören zu bekommen."

Sie warf einen zaghaften Blick zu Polly Cluskey hinüber.

„Es tut mir unendlich leid, Polly. Ich hoffe – ich habe gehofft, Sie würden vielleicht eine Veränderung bemerken in – einen Unterschied seitdem zwischen – also …"

Offensichtlich war Enid vorübergehend von ihrer Wortgewandtheit verlassen, aber sie brauchte sich keine Sorgen zu machen.

„Aber ja!", sagte Polly herzlich. „Ich habe mich so gefreut, als ich Sie vorhin mit den Jungs Scrabble spielen sah. Sie sind manchmal ganz schön frech, aber sie haben das Herz auf dem rechten Fleck. Ich habe mich schon gefragt, wieso sich Ihre Haltung so sehr verändert hat, seit … ach du meine Güte! Das war jetzt sehr unhöflich. Es tut mir so leid!"

Sie schlug die Hände vor ihre sich rötenden Wangen, doch Enid stimmte in den Chor des Gelächters ein, der auf Pollys verlegenen Ausbruch erscholl.

„Nein, keine Sorge, meine Liebe. Ich kann es Ihnen nicht verdenken. Und vielen Dank, dass Sie sagen, Sie hätten eine Veränderung bemerkt. Pater John hatte völlig recht. Ich hatte diese Worte im Vaterunser schon Tausende Male gelesen – gelesen ja, aber nie richtig wahrgenommen. Jetzt schon, und darüber bin ich sehr froh und – und ein bisschen begeistert."

Ein weiterer wichtiger Beitrag kam von Lorna und William Ebson. Sie bestanden darauf, nach vorn zu kommen. Hielten sich an den Händen, während sie sprachen – anfangs. Soweit ich mich erinnern kann – und ich bin es noch einmal mit Gerald durchgegangen –, sagten sie Folgendes:

LORNA: William und ich würden gerne ein paar Worte sagen, wenn alle einverstanden sind. Nicht wahr, William?

WILLIAM: Ja, wir …

L: Die meisten von Ihnen werden nicht mitbekommen haben, dass unsere Ehe in letzter Zeit einigen Belastungen ausgesetzt war. Natürlich posaunen wir die Spannungen in unserer Beziehung niemals heraus (*ein Schauder bassen Erstaunens geht durch den Raum*), aber wir müssen bekennen, dass es sie gibt. Und auch während dieses Wochenendes hatten wir mit ein paar Problemen zu kämpfen. Ist es nicht so, William?

W: Ja, und …

L: Und ich möchte ganz klar sagen, dass die Schuld größtenteils bei mir gelegen hat.

Eine Bestätigung oder ein Widerspruch zu dieser Aussage vonseiten Williams schien nicht erwünscht zu sein. Er machte zwar den Mund auf, um etwas zu sagen, aber er war nicht schnell genug, um es herauszubringen.

L: Ich hatte bisher nie diesen wunderbaren Abschnitt im Epheserbrief richtig verstanden oder mir zueigen gemacht, in dem die Ehefrauen aufgefordert werden, sich ihren Männern unterzuordnen. Nicht wahr, William?

W: Auf jeden Fall hast du …

L: Von heute an habe ich die Absicht, erheblich mehr Zeit unter dem Mantel meines Mannes zu verbringen.

W: (*mit aus den Höhlen tretenden Augen*) Wirklich?

„*Noch* mehr Zeit?“, flüsterte Gerald.

L: William seinerseits, da bin ich mir sicher, hat die Absicht, sich eingehend darum zu bemühen, zum Haupt seiner Frau zu werden, wie Christus das Haupt der Gemeinde ist.

W: Wenn ich …

L: Was mich selbst …

W: (*entzieht Lorna seine Hand*) *Falls* es mir gestattet ist, deine demütige Unterordnung einen kleinen Augenblick zu unterbrechen und auch ein oder zwei Worte zu sagen, so möchte ich gern zu bedenken geben, dass die Bemühung vor allem von *dir* ausgehen muss, mein Liebling, da ich ohnehin schon mein Bestes tue, um in deinem Leben wie Christus zu sein.

L: (*entgeisterte Pause*) Entschuldigung. *Du* behauptest, du wärst wie Christus in meinem Leben?

W: Ich denke schon, ja.

L: Oh! Nun, lass mich mal kurz überlegen. Ja, du bist sicherlich wie Christus in dem Sinne, dass ich dich nie zu sehen bekomme, dass du kaum jemals mit mir redest, dass du meistens irgendwo anders bist, wenn du am dringendsten gebraucht wirst, dass du nie mit mir über deine Pläne und Ideen redest, dass du mit einem Haufen raubeiniger Männer herumhängst, die nichts als Fischen im Sinn haben und nie arbeiten, und dass du die Gesellschaft höchst fragwürdiger Frauen genießt. Ja, man kann wohl sagen, dass du wie Christus bist.

W: (*nach einer kurzen Pause*) Und du, mein *Schatz*, bist wie die Geliebte, von der Salomo im Hohelied spricht.

L: (*etwas verdattert*) Oh! In welcher Hinsicht?

W: Hoheslied, Kapitel eins, Vers neun: „Ich vergleiche dich, meine Freundin, mit einer Stute.“

L: Also, wenn du denkst, ich stelle mich hier hin und …

W: Das brauchst du gar nicht. Setz dich ruhig einen Moment, und ich mache weiter. Das heißt, nein, das brauchst du auch nicht. Wieso gehst du nicht raus und galoppierst ein wenig über die Weide! Ich halte einen schönen großen Futterbeutel mit Hafer für dich bereit, wenn du wiederkommst.

L: Okay! Das reicht! Wenn du auch nur einen Augenblick lang denkst ...

W: Das wäre immerhin länger, als du es bisher je geschafft hast.

Zum Glück verließ Dennis an dieser Stelle seine kunstvolle, von drei Gräben umgebene Sandburg, um ins Geschehen einzugreifen. Sonst hätten die beiden sich womöglich noch auf dem Fußboden gebalgt. Ob dies wohl das Ende für die Ebsons ist, oder, wie Gerald glaubt, nur ein unbewusster, verschlungener Weg, um wieder einmal eine leidenschaftliche Versöhnung zu organisieren? Wir werden sehen.

Danach ging es eine Weile lang bergab.

Downton Grange (kein Haus, sondern eine Person) eröffnete allen, er glaube, sich endlich von Neil Kinnock befreit zu haben – eine Mitteilung, die denjenigen in der Gruppe, die keine Ahnung hatten, wovon er redete, zutiefst und womöglich auf geradezu verstörende Weise unbegreiflich erschienen sein musste. Einige applaudierten verwirrt, und Minnie Stamp stand auf, ging zu Downton hinüber, kniete sich neben ihn und neigte nicht nur ihren Kopf zur Seite, sondern auch so ziemlich alles andere an ihr, was zu solcher Schieflage imstande war. Zugleich schenkte sie ihm ihr Welke-Blume-Lächeln und strich ihm auf irgendwie pastorale Art über den Arm. Downton seinerseits tätschelte ihre Hand und bedankte sich leise bei ihr, wobei mir nicht entging, dass er dies mit einem rauen walisischen Akzent tat. Kein Problem. Ich habe irgendwie das Gefühl, dass er durch ein Wunder geheilt werden wird, sobald Minnie nach der Plenarrunde für ihn betet. Wohlgemerkt, falls Minnie Stamp ihre volle Aufmerksamkeit von nun an auf ihn verlagern sollte, wird er den alten Neil richtig vermissen.

Wir näherten uns gerade dem Ende der halben Stunde, da räusperte sich Daphne Duphrane. Sie sprach mit ihrer gewohnten Eleganz, aber ihre Stimme hatte etwas Weiches, was wir zuvor noch nicht gehört hatten.

„Ich habe an diesem Wochenende etwas über mich selbst gelernt, was ich nicht für möglich gehalten hätte."

Alles horchte interessiert auf. Ich glaube kaum, dass es Daphne je leicht gefallen ist, ihre Verletzlichkeit öffentlich zu zeigen, aber für die Zuschauer, die es miterleben, ist es ein wunderbares Bühnenereignis.

„Ich habe, sehr zu meiner eigenen Überraschung, gelernt, dass die Saat eines Zugehörigkeitsgefühls in mir ausgesät worden ist. Durch wessen Hand? Ich habe nicht die leiseste Ahnung. Was für Blüten das wohl treiben wird? Ein tiefes, aber rosiges Geheimnis. Eine stille Freude erfüllt mich. Ja, sehr still. Aber ja, Freude."

Just in diesem kristallklaren Moment bemerkte ich, wie Alvin Dekkle ominös auf seinem Stuhl herumzurutschen begann, vermutlich, um sich zu entrollen und auf seinen „Lasst-uns-doch-keinen-Blödsinn-reden"-Modus umzuschalten. Vielleicht war es ein Glück, dass ausgerechnet in diesem Augenblick Josey einen halb vollen Pappbecher mit Wasser umstieß, sodass er genau in seinem Schoß landete. Was immer er möglicherweise hatte sagen wollen, ging unter in dem allgemeinen fieberhaften Bemühen, ihn wieder trockenzulegen. Josey schien die Sache furchtbar peinlich zu sein. Sie entschuldigte sich überschwänglich etliche Male. Aber dann drehte sie sich um, und ich fing ihren Blick auf. Und sie zwinkerte.

Dennis kam von den Kanaren zurück, um auf eine Stippvisite vorbeizuschauen, und beendete die Plenarrunde, indem er Anne und mir für unsere Mühen dankte und sagte, wie sehr er das Seminar „Heiter durch die Bibel" gestern genossen habe. Ob Gerald uns wohl mit ein paar weiteren Versen aus dem Evangelium nach Fidybus erfreuen könne? Hier und da schürzten sich ein paar Lippen – aber nur wenige. Gerald war natürlich nur zu gern bereit, den Wunsch zu erfüllen. Er las die folgenden Auszüge vor.

Fidybus 4,8–12

Als aber Jesus und die Jünger nach Kapernaum gingen, sagte Johannes: „Guter Meister, schau da drüben. Siehest du jenen Stein mit den gezackten Vorsprüngen an der linken Seite? Glaubst du, er sieht von der anderen Seite so aus wie das Profil des Königs Herodes?"

Jesus aber seufzete und sprach: „Ach komm, nicht schon wieder. Na schön, schauen wir mal. Nein! Dieser hier sieht Herodes ebenso wenig ähnlich wie die letzten vier."

„Och", sprach Johannes, „also ich finde schon. Andreas, was meinest du? Findest du nicht auch, dass jener Stein entfernt an König Herodes erinnert, oder bilde ich mir das nur ein?"

„Du bildest es dir nur ein", antwortete da Andreas, und von Stunde an wollte er nichts weiter sagen oder auch nur hinschauen.

Da aber erhob Johannes seine Stimme und ließ sie weithin erschallen und rief: „Hey! Thomas, Philippus, kommet her zu mir und schauet euch diesen Felsen mal aus einem bestimmten Winkel an."

Und Thomas murmelte tonlos und sprach: „Es ist wieder so weit, Phil. Wahrlich, ich sage dir, dieser Trottel ist total auf Herodes fixiert. Jeder Stein weit und breit sieht für ihn wie Herodes aus. Vielleicht denket er gar, irgendein verrückter Bildhauer ginge um und meißele das Ebenbild des Königs aus jeglichem Stein, den er siehet."

Und Thomas und Philippus hielten sich die Hände vor den Mund und taumelten herum und kicherten über die Maßen, bis Johannes ergrimmte und davonstapfte.

Fidybus 14,9

Eines Tages aber gähnte Jesus, und Andreas sprach zu ihm: „Meister, was gähnest du?" Der Herr aber antwortete und sprach: „Wie bitte? Ach … weil mich Müdigkeit überkam. Warum fragest du?"

Andreas aber sprach: „Oh! Ach, kein besonderer Grund – nein, nein, nein, nein …"

Fidybus 17,4

Siehe, des Morgens versammelte sich eine große Menschenmenge vor dem Haus, in dem der Meister nächtigte, aber der Herr war nicht da, sodass sie wieder weggingen.

Fidybus 24,19-26

Judas (nicht der Iskariot) und Thomas, der Zwilling genannt wird, kamen aber zu Jesus, als er gerade nach eines langen Tages

Mühen, an dem er vielen gedient hatte, ein Stück gebackenen Fisch aß. Und Judas sprach zu ihm: „Meister, einige von uns sind nicht zufrieden mit unseren Namen. Ich selbst zum Beispiel bin es leid, dass ich immer negativ als Judas (*nicht der Iskariot*) definiert werde. Weißt du, Herr, wann immer ich Fremden vorgestellt werde, machen sich die anderen Jünger, denen ich natürlich in tiefer brüderlicher Liebe verbunden bin, einen Spaß daraus zu sagen: ‚Siehe, Judas!‘ Und wenn dann allen der Atem stockt, fügen diese selben Jünger hinzu ‚Nicht der Iskariot!‘ und krümmen sich vor Lachen. Könnte ich nicht fortan zum Beispiel so genannt werden: ‚Judas, der nie jemanden verraten hat und hin und wieder durchaus interessante und originelle Dinge sagt?‘“

Jesus aber antwortete ihm und sprach: „Möge es dir nur gefallen, mich in Ruhe dieses letzte Stück gebackenen Fisch aufessen zu lassen, so magst du dich meinetwegen Elia Trumpfärmel der Froschjongleur nennen.“

Thomas aber, der Zwilling genannt wird, sprach: „Ein kurzes Wort nur, bevor wir gehen, Herr. Wie du weißt, bin ich Thomas, der Zwilling genannt wird. *Zwilling*, Herr! Das hört sich so an, als wäre ich ein Küchenmesser?! Zwilling! Sehe ich etwa aus wie ein …“

Jesus aber antwortete ihm und sprach: „Wahrlich, wahrlich, ich verstehe, was du meinst, Thomas, und ich glaube, ich kann dir versprechen, dass in dem zukünftigen Zeitalter die meisten Leute sich deiner unter einem ganz anderen Namen erinnern werden. Glaubest du, dass es so geschehen werde?“

„Ich habe meine Zweifel.“

„Hmm! Jedenfalls würde ich jetzt gerne zu Ende …“

Judas (nicht der Iskariot) und Thomas, der Zwilling genannt wird, gingen hinaus, aber im Hinausgehen sprach Judas: „Ach, eine Kleinigkeit noch, Herr, draußen warten noch zwei andere, die mit dir über dieses Thema zu sprechen begehren."

Jesus aber seufzte. „Und wer sind diese?"

Judas (nicht der Iskariot) antwortete und sprach: „Äh, eine davon wird die andere Maria genannt, Herr. Die *andere* Maria. Verstehst du? Sie begreift nicht, warum sie, die doch weder deine Mutter noch die Dirne noch die Schwester der Marta ist, nicht auch ‚Maria, die gewiss nie eine Dirne war und ein ganz eigener, unverwechselbarer, besonderer Mensch ist' genannt werden könnte. Denn schließlich, Herr, wenn du es recht bedenkest …"

Jesus aber unterbrach ihn und sprach: „Hör zu, im Augenblick verlanget es mich nur danach, in Ruhe zu Abend essen zu können. Würdet ihr bitte einfach …"

„Vergib, Herr. Ja! Siehe, wir gehen. Oh! Bevor ich es vergesse. Die andere Person ist dein eigener Bruder Jakobus. Er drückt sich da draußen herum und traut sich nicht herein. Weißt du, es ist ihm unangenehm, ‚Jakobus der Kleine' genannt zu werden. Es hört sich für ihn an wie ‚Jakobus der Loser' oder ‚Jakobus, der dürre kleine Schwächling'. Er überlegt, ob du ihm nicht die Gnade gewähren könntest, er möge fortan ‚Jakobus der Große' genannt werden. Oder – oder – oder ‚Jakobus, der genauso Wichtige wie die anderen Jakobusse, auch wenn er ein bisschen jünger und eine Winzigkeit kleiner ist.'"

Jesus aber murmelte und sprach: „Wahrlich, am besten heile ich diesen Fisch und fange noch einmal von vorne an …"

Dennis sprach noch ein Gebet, und wir alle (oder eine ganze Menge von uns) fielen uns wieder in die Arme. Wäre sehr froh und sogar ein bisschen stolz gewesen, wäre da nicht das bleierne Gewicht auf dem Grund meiner Seele.

Nach der Plenarrunde fing Polly Cluskey mich auf dem Korridor ab und fragte mich, ob sie kurz mit mir sprechen könne.

„Es war ein wunderschönes Wochenende für mich, Adrian", sagte sie. „Herzlichen Dank dafür, dass ihr das alles organisiert habt. Es hat mir viel Selbstsicherheit gegeben, als Pater John das gesagt hat, nachdem meine Jungs sich während des Essens danebenbenommen hatten. Übrigens, was war eigentlich der Gedanke hinter dem Schweigemahl? Ich bin nicht ganz schlau daraus geworden."

Ich fuhr mir mit dem Finger den Kragen entlang.

„Ach ja. Nun, das war meine Idee, Polly, und zwar keine sehr gute, fürchte ich. Ich hatte in so einem blöden Buch etwas darüber gelesen. Es sollte irgendwie herzerwärmend und voller Gnade und geistlicher Harmonie sein und so, durch die irgendwie lautlose Begegnung unserer Blicke. Ich weiß nicht mehr genau, wie es in dem Buch ausgedrückt war."

Sie kicherte und schüttelte staunend den Kopf.

„Also genau das Gegenteil von dem, was dann passiert ist."

„Ja. Es tut mir leid. Es war eine richtige kleine Katastrophe. Ich sage nicht, dass es für so etwas wie ein Schweigemahl keinen Platz gibt, aber – nun, das hier war offensichtlich nicht der richtige Platz."

„Ach nein, du brauchst dich nicht zu entschuldigen. Hätten Eamonn und Patrick nicht so einen Rabatz gemacht, hätte Enid sich schließlich nicht beschwert, und dann hätte Pater John auch nicht gesagt, was er gesagt hat, und Enid und ich wären jetzt nicht so gute Freundinnen. Ich werde sie nächste Woche besuchen gehen."

Sie knabberte einen Moment lang an ihrem Daumennagel herum.

„Das hört sich jetzt vielleicht albern an, aber – meinst du, Gott benutzt solche Katastrophen manchmal dazu, etwas Gutes geschehen zu lassen?"

„Falls er das nicht tut, besteht nicht viel Hoffnung für mich, Polly."

„Für mich auch nicht! Also, was ich eigentlich sagen wollte – ein paar von den Eltern haben über dieses merkwürdige Mussolini-Stück gesprochen, das der alte Mr. Grimaldi gestern Abend mit den Kindern aufgeführt hat. Das mit dem Laternenpfahl."

Ich schüttelte mich.

„Ja."

„Nun, wir wussten nicht so recht, was wir davon halten sollten. Mein Patrick war bei der Gruppe dabei, und da habe ich ihn gefragt, wie er darüber dachte. Er sagte: ‚Oh, Mama, das war für mich das Beste an dem ganzen Wochenende. Fahren wir nächstes Jahr wieder mit und hängen nochmal einen Bösewicht am Laternenpfahl auf?' Ich fürchte, ich musste lachen. Hätte ich nicht tun sollen, ich weiß, aber ich konnte nicht anders. Ich habe auch einigen anderen Müttern davon erzählt, und die meisten fanden es lustig. Und alle haben Verständnis dafür, dass es Probleme mit den Kindermitarbeiterinnen gab. Schließlich konntest du ja auch nicht wissen, wie es mit dem Schweigemahl laufen würde, nicht wahr? Und genauso war es mit den beiden, äh – du weißt schon – diesen beiden Frauen."

„Lepra-Hasi und Made grinste?"

„Ach du meine Güte, ja! War das nicht schrecklich? Aber auch da musste ich lachen. Jedenfalls war es großartig, wie Anne das Kinderprogramm übernommen hat."

Sie hielt einen Moment inne.

„Adrian, dürfte ich dir noch eine letzte Frage stellen, falls ich später keine Gelegenheit mehr dazu habe?"

„Aber natürlich."

„Also, ich hatte es ziemlich schwer, seit Jason sich mit seiner neuen ‚Seelenfreundin' aus dem Staub gemacht hat. Ich schätze, ich war ziemlich gestresst und habe mich wegen jeder Kleinigkeit aufgeregt. Neulich wollte mir jemand in der Gemeinde etwas Hilfreiches mit auf den Weg geben. Er sagte: ‚Weißt du, Polly, trotz allem kannst du sicher sein, dass Gott dich liebt.‘ Na ja, du weißt ja, wie das ist. Ich habe dazu genickt und zugestimmt und so, aber hinterher dachte ich, Gott ist auch nicht zu viel mehr nütze, als es mein Ex-Mann war. Er bringt auch am Montagabend nicht den Müll raus. Was ich dich fragen wollte, ist Folgendes: Als mir dieser Gedanke durch den Kopf ging und ich vor mich hinschmunzelte, da hatte ich das komische Gefühl, dass Gott mit mir lachte. Das fühlte sich unglaublich gut an. Man gewöhnt sich ja im Denken alle möglichen Marotten an, nicht wahr? Mir geht es jedenfalls so. Ich habe mir angewöhnt, zu denken, Gott sei furchtbar ernst und streng, und er beobachte mich dauernd, damit ich ja nichts Dummes oder Falsches mache. Glaubst du, dass das möglich ist, dass er manchmal mit mir lacht – mit uns? Macht er gerne mal einen Spaß mit?"

Ich nehme nicht oft andere Frauen in den Arm. Ich schätze, ich gehe meistens davon aus, dass sie Besseres mit ihrer sozialen Distanz anzufangen wissen. Aber Polly sah nun einmal so müde und traurig und hoffnungsvoll und – nett aus.

„Ja, Polly", sagte ich in ihr rechtes Ohr. „Ich bin sicher, er ist ständig auf der Suche nach Leuten, mit denen er lachen kann. Und du hast die Sache mit deinen Jungs großartig gemacht. Ich schätze, Gott und du, ihr braucht beide ab und zu jemanden, mit dem ihr euch entspannen könnt."

In diesem Moment kamen Eamonn und Patrick herbeigerannt und bestürmten ihre Mutter mit allen möglichen Fragen für die Heimreise. Eine liebenswerte Familie, aber sie braucht jemanden, der auch mal den Müll rausbringt.

Gegen drei Uhr kam Janice von der Anmeldung zu mir, um mir zu sagen, Pater John sei im Aufbruch und wolle sich verabschieden. Da ich Anne nicht finden konnte, ging ich allein hin. Auf dem Weg nach draußen kam mir die Frage in den Sinn, ob dies wohl das letzte Mal war, dass ich meinen Freund in dieser Welt zu sehen bekam. Trauriger Gedanke. Fand ihn draußen auf dem Rücksitz eines großen, alten Autos, wo er wie ein Sack voller vertrockneter Knochen saß und darauf wartete, nach Hause gefahren zu werden. Letzte Chance für eine letzte Frage.

Trödelte mit ein paar albernen, alltäglichen Bemerkungen herum. Dann sagte ich: „Pater John, ich weiß, es ist lächerlich, so eine Frage jetzt zu stellen, wo Sie gerade im Aufbruch sind, aber sagen Sie bitte – wo, glauben Sie, können wir die Liebe Gottes finden?"

„Ach ja, Sie haben immer noch eine ganz leichte Frage für mich, bevor ich mich aus dem Staub mache, stimmt's?", schmunzelte er. „Es schmeichelt mir sehr, dass Sie denken, ich könnte Antworten auf eine solche Frage haben. Wissen Sie, Adrian, solche Dinge wollen ziemlich viele Leute wissen. Wo ist Gott? Wie kann ich ihn wahrnehmen? Wo kann ich tatsächlich die Liebe Gottes zu mir entdecken? Es gibt so viele Antworten darauf. Musik, die Bibel, die Natur, Gebet und Lobpreis, Mohnblumen und Leute, die nach ihnen benannt sind, die romantische Liebe, Marilyn Monroe, Freundlichkeit, all diese Dinge. Alles gute und wahre Antworten, für sich genommen. Aber wissen Sie, was ich glaube, jetzt, wo ich mich dem Ende meines Lebens nähere? Ich glaube, wir brauchen den Mut, die Demut und die schiere Willenskraft, sagen zu können: ‚Der einzige Ort, wo ich dir garantieren kann, dass du dort die Liebe Gottes finden wirst, ist in mir.‘ Ich persönlich habe mich entschieden, eine Hilfsorganisation für die Verteilung der Liebe Gottes an alle zu sein, die sie brauchen. Aber ich bin nicht für die Vorräte zuständig. Was immer ich an andere weitergebe, scheint wieder ersetzt und aufgestockt zu werden. Und eben in der Bereitschaft, sie weiterzugeben, erlebe auch ich selbst die Liebe Gottes in meinem Leben. Adrian, bitte vergessen Sie niemals, dass wir deshalb tief in der Schuld derer stehen, denen wir dienen. Sie sind unsere großzügigen Wohltäter. Sie machen uns reich. Indessen fürchte ich, dass mit dieser Rolle nicht viel Ruhm und Ehre verbunden ist. Jeder von uns muss so eine Art Lagerhaus sein. Wir haben einen Lieferanteneingang auf der einen Seite und einen Ausgabeschalter auf der anderen. Inmitten all der wahrhaft undurchdringlichen Rätsel – jener Mysterien, die uns daran erinnern, dass gerade die hellsten Lichter die dunkelsten und deutlichsten Schatten werfen – ist die Antwort vielleicht genauso simpel wie pragmatisch. Der Lohn ist allerdings gut, habe ich zumindest gehört. Sehr bald werde ich es wissen. Gott segne Sie, Adrian, und Ihre liebe Frau, und Gerald, der das Beste ist, was Sie und Anne je zustande gebracht haben, und die, die sich auf Sie stützt."

Die, die sich auf mich stützt? Woher wusste er das? Vielleicht hat sie es ihm gesagt. Eher unwahrscheinlich. Beinahe hätte ich ihn nach Josey gefragt, aber ich hatte Angst, er könnte mir antworten.

Als der Wagen losfuhr, hörte ich noch einmal Pater Johns schwache, müde Stimme rufen. Über dem Motorengeräusch konnte ich seine Worte kaum verstehen.

„Sehen wir uns bei Pizza Hut?"

Kamen endlich los. Alle ziemlich nah am Wasser gebaut, okay und nicht okay. Ehe sie losfuhren, flüsterte mir Josey noch ins Ohr: „Ich schicke dir morgen Vormittag eine SMS, sobald ich beim Arzt war. Sonnenschein steht für gut. Regen für schlecht. Aber kommt auf jeden Fall, ja?"

Lief kurz vor unserer Abfahrt im Foyer Alan Varney über den Weg. War mir ein bisschen unangenehm, nach all unseren negativen Begegnungen. Schüttelte ihm die Hand und sagte: „Danke, Alan, wir haben uns hier sehr wohlgefühlt. Ich hoffe, ich war nicht zu – nun ja, kritisch."

„Hoffnung ist ein geistlicher Imperativ", erwiderte er. „Wir würden uns freuen, Sie wieder hier begrüßen zu dürfen."

Nicht einmal ein Flackern. Nun ja …

War schon ziemlich spät, als Anne und ich nach Hause kamen. Beide total erledigt.

Ich sagte zu Anne: „Ach übrigens, habe ich ganz vergessen: Kurz vor der Abfahrt fragte Josey mich, ob wir morgen Nachmittag zu ihnen kommen könnten."

„Wirklich? Wir haben uns doch gerade erst verabschiedet. Ich könnte sie doch gleich anrufen."

„Nein, tu das nicht. Sie sagte ausdrücklich, sie möchte mit uns beiden über etwas sprechen. Wir werden schon herausfinden, worum es geht, wenn wir dort sind. Ist doch kein Problem, oder?"

Sie gähnte und schüttelte gleichzeitig den Kopf. „Nein, natürlich nicht. Ich bin nur froh, dass sie nach achtundvierzig Stunden Tête-à-tête mit uns noch nicht die Nase voll haben."

Zeitig ins Bett. Bevor Anne einschlief, erzählte ich ihr noch von meinem letzten Gespräch mit Pater John und richtete ihr seine Grüße aus.

„Ach ja, und dann sagte er noch, Gerald sei das Beste, was wir je zustande gebracht hätten."

Anne hob den Kopf.

„Das hat er wirklich gesagt?"

„Ja, hat er. Schlaf gut."

„Ja, ich glaube, das werde ich heute Nacht." Sie sah mich einen Moment an. „Liebling, hast du irgendetwas auf dem Herzen? Gibt es etwas, was du mir sagen solltest?"

„Nein", sagte ich leichthin und wandte meinen Blick von ihr ab, „ehrlich, es gibt nichts, was ich dir sagen sollte."

Küsste sie sanft auf die Wange.

„Gute Nacht."

Hätte sie so gern gebeten, mit mir wach zu bleiben. Aber das ging ja nicht, oder? Es stand mir nicht zu, es ihr zu sagen. Ein kleines Gethsemane, aber es tat wirklich weh. Lag im Dunkeln wach, beobachtete einen bleichen Streifen Mondlicht unter den Jalousien und dachte an ein paar Zeilen aus einem Lied, das ich einmal gehört hatte.

> Der die Tage erschuf,
> hat sie nicht richtig gemacht.
> Jeder Tag verwandelt
> sich für mich in eine Tränennacht.

Bald ist Montag. Tu, was erforderlich ist.

10   MONTAGVORMITTAG

Um elf Uhr heute Vormittag, als wir gerade das Haus verlassen wollten, nahm Anne mein Handy vom Regal neben der Haustür, wo ich es zum Aufladen angeschlossen hatte.

„Du hast eine SMS", sagte sie. „Von Josey."

Blieb wie angewurzelt stehen.

„Was schreibt sie?"

Anne schüttelte den Kopf.

„Gar nichts. Es ist nur ein Bild."

„Was für ein Bild?"

„Ein Regenbogen. Hast du eine Idee, was das bedeuten könnte?"

Holte tief Luft.

„Ich hoffe es. Ich erzähl's dir unterwegs."

Von heiligen Kühen und blinden Flecken ...

Adrian Plass
Kampf der Welten
Gebunden, 208 Seiten
ISBN 978-3-86506-407-3

Adrian Plass über den Kampf
zwischen aufgesetzter Frömmigkeit
und echter Freundschaft mit Gott.
Plass, wie man ihn kennt und liebt!

Brendow.
VERLAG + MEDIEN

Christsein ungeschminkt und lebensnah

Adrian Plass & Jeff Lucas
Jetzt mal ehrlich ...
Gebunden, 208 Seiten
ISBN 978-3-86506-465-3

Ein Briefwechsel, der dem Leser einen tiefen Einblick in das Leben und Denken zweier frommer Chaoten gibt. Ehrlich und aufrichtig, tiefgehend und nie ohne humoristischen Unterton.

Brendow.
VERLAG+MEDIEN